W9-BEN-758

Leyendas de puerto Rico

A Collection of Puerto Rican Legends

Robert L. Muckley

Adela Martínez-Santiago

Illustrated by George Armstrong

National Textbook Company
NTC a division of NTC *Publishing Group* • Lincolnwood, Illinois USA

Acknowledgment

The chapter entitled "Guayama—Ciudad Bruja" is made up of sections of *Guayama sus hombres y sus instituciones* (pp. 97-99) by Adolfo Porrata Doria, and is reprinted here with the author's permission.

1997 Printing

Published by National Textbook Company, a division of NTC Publishing Group.
© 1993, 1982, 1976 by NTC Publishing Group, 4255 West Touhy Avenue,
Lincolnwood (Chicago), Illinois 60646-1975 U.S.A.
All rights reserved. No part of this book may be reproduced, stored
in a retrieval system, or transmitted in any form or by any means,
electronic, mechanical, photocopying, recording or otherwise, without
the prior permission of NTC Publishing Group.
Manufactured in the United States of America.
Library of Congress Catalog Card Number: 76-14242

　 6 7 8 9 0 ML 9 8 7 6 5 4 3

Preface

Leyendas de Puerto Rico, companion to the popular *Leyendas mexicanas, Leyendas latinoamericanas,* and *Leyendas de España,* is offered to all students of Spanish for an intriguing insight into the culture of an island that has influenced the United States, and the Hispanic world as a whole, far more than its tiny size might suggest.

The legends cover a period of centuries (the first is ancient indeed), but the reader will discover that several of them are relatively recent. Six refer to events that have taken place since 1900. Thus we see that Puerto Rico is still a fertile soil for legend.

The term *legend* here is to be understood in its broadest sense. Some of the legends, such as *La muerte de Salcedo,* have a basis in historical fact, whereas others are mostly fantasy. Less important, however, is the question, "Did it really happen?" than the power of these stories—the power of legend.

Some of the legends—the story of the Creation of course, as well as *La aparecida*—have elements in common with legends of other countries. *La aparecida* is a Puerto Rican version of what *Time* Magazine called "the most popular American folk yarn—The 'vanishing Hitchhiker.' " Remarkably, people interviewed from the area where the events allegedly occurred have reported similar experiences happening to them.

Carabalí, the slave who keeps escaping, is really the name of an African tribe known to have struggled fiercely for its freedom. The colonists assumed that a man so named would resist slavery.

Lola de América is a charming anecdote about one of the great women of Puerto Rican history. Women play a prominent role in other legends, too—from Atabei to Guanina and Santa Elena (nor should one forget la aparecida!).

These legends should prompt thought-provoking class discussions. Certainly the students will find the exercises interesting and helpful.

Each chapter ends with a typical *copla* collected in the Puerto Rican countryside by a young student many years ago. Juan Angel Tió Nazario, who collected the *coplas* in his study *Esencia del Folklore Puertorriqueño,* was born in San Germán in 1906 and died at the age of twenty-eight on the eve of a promising career in law. May this book honor his memory.

Robert L. Muckley
San Germán, Puerto Rico

Índice

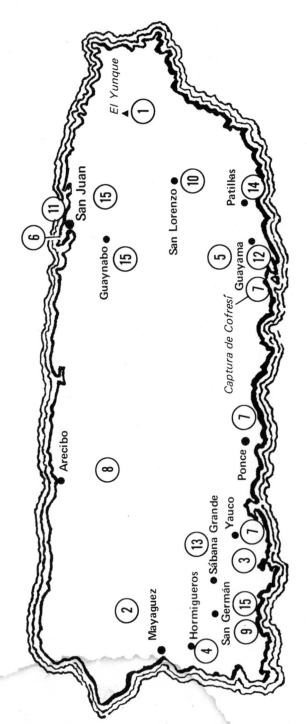

A MAP OF THE ISLAND OF PUERTO RICO
SHOWING THE LOCATIONS OF THE LEGENDS

1   La creación
2   La muerte de Salcedo
3   Guanina
4   Los milagros de Nuestra
    Señora de Monserrate
5   La Vuelta de la Culebra

6   La Garita del Diablo
7   Cofresí
8   Carabalí
9   Lola de América
10 Elena de la Santa Montaña

11 Esperanza
12 Guayama – Ciudad Bruja
13 El pozo milagroso
14 La Aparecida
15 Seres extraterrestres

Leyendas de Puerto Rico

La creación
(hace mucho tiempo)

Cuando llegaron los españoles a Puerto Rico, encontraron indios que se llamaban taínos. Los taínos tenían su propia cultura, su propio idioma y sus propias tradiciones. Y tenían también enemigos. Estos eran los caribes, otra tribu que venía de la América del Sur. Los caribes habían ocupado otras islas al sureste de Puerto Rico y empezaban a invadir a Puerto Rico mismo.

Aquí presentamos algunas de las creencias de los taínos. También hay un apéndice al final del libro que da más detalles sobre la cultura de los taínos.[1]

En el principio Atabei creó el cielo, la tierra y los otros cuerpos celestes.

Atabei siempre había existido. Atabei era la madre original. Atabei era la gran fuerza creadora.

Pero no había vida. No había luz. Todo estaba como en un profundo sueño. Y durante mucho tiempo todo continuó así.

Pero Atabei por fin se dio cuenta de que algo faltaba.°   **faltaba**   was missing
Y tuvo dos hijos que formó de elementos mágicos e invisibles del espacio. Los dos hijos se llamaron Yucajú y Guacar. Y Yucajú se preocupó por que no había luz ni vida en la creación. Atabei estaba contenta porque Yucajú podía ahora terminar su obra.

Y Yucajú creó el sol y la luna para alumbrar la tierra.

---

[1] We also recommend *Canto al Cemí* by Sadí Orsini Luiggi, which has served as a source of information for much of the material in this legend.

Tomó piedras preciosas de la tierra y las puso en el cielo. Y estas piedras ayudaron a la luna a alumbrar de noche. La tierra fue fértil y en ella crecieron plantas y árboles. Yucajú creó entonces animales y pájaros para vivir entre las plantas y los árboles.

  Entonces Yucajú decidió crear algo nuevo, algo diferente, algo entre un animal y un dios. Y así formó el primer hombre y la primera alma, o *jupía*. Y llamó al primer hombre Locuo. Locuo se sintió contento en la tierra, feliz entre tanta belleza. Y se arrodilló° para dar gracias a Yucajú.   **se arrodilló** knelt down

Guacar vio con envidia toda la obra de su hermano. Se fue a un lugar oculto y durante un tiempo no hizo nada. Pero no pudo soportar° la envidia y empezó a hacerle daños a la obra de Yucajú. Y cambió de nombre, convirtiéndose en° el terrible dios del mal, Juracán.   **soportar** to endure   **convirtiéndose en** turning into

Juracán movía los vientos. A veces los movía con tanta fuerza que destruían la obra de Yucajú. Arrancaba° los árboles y mataba a los animales. Locuo ya no se sentía tan contento pues tenía miedo. Ya no podía gozar tanto de las bellezas de la tierra.   **arrancaba** it pulled out

Además de enviar vientos fuertes, Juracán hacía temblar la tierra.° Esto era uno de sus juegos favoritos. En uno de los temblores más fuertes dividió el continente americano. Así se formaron las Antillas.[2]   **hacía temblar la tierra** made the earth tremble

Pero Locuo continuó viviendo en la tierra y Yucajú creó otros dioses para ayudarlo. Locuo aprendió a hacer imágenes de estos dioses que él llamaba cemíes.[3] Y Yucajú le dio a Locuo el fuego y así aprendió a cocinar sus comidas. Aprendió a hacer el casabe de la yuca.[4] Pero Locuo vivía solo en la tierra. Un día, se sintió inspirado de tanta belleza que había en la naturaleza, y se abrió el ombligo,° dando paso a dos criaturas que eran como él. Eran un hombre y una mujer. El hombre se llamó Guaguyona, y la mujer Yaya. Y los hijòs y nietos de Guaguyona y Yaya poblaron la tierra.   **ombligo** navel

---

[2] The Antilles, a group of islands in the West Indies to which Puerto Rico belongs.

[3] *Cemíes* are conical shaped idols associated with the Taíno culture. See also the *Apéndice*.

[4] *Casabe* was the bread made from the *yuca*, a potato-like tubercle which was extremely important in the Taíno diet. See also the *Apéndice*.

Pero los descendientes de Guaguyona y Yaya sufrieron mucho porque Juracán mandaba inundaciones° y vientos fuertes. Y mandaba maboyas[5] o espíritus malos, que causaban problemas en la vida diaria de los hombres. Las maboyas rompían las canoas en el río, tiraban° piedras sobre las casas, y escondían la pelota con que se jugaba. Y causaban también enfermedades y problemas entre los hombres.

inundaciones floods

tiraban threw

Así se explicaron los taínos los fenómenos de la naturaleza y el origen del bien y del mal. Los caribes,[6] que llegaron desde otras islas al sureste de Puerto Rico, eran malos. Eran feroces guerreros que en sus ataques destrozaban las aldeas taínas y se llevaban a las mujeres. A éstos los taínos consideraban agentes de Juracán.

Y si Juracán mandaba a los caribes, tal vez Yucajú mandaría° gente buena para ayudar a rechazar° a los caribes.

tal vez Yucajú mandaría maybe Yucajú would send
rechazar to reject

Así, cuando llegaron los españoles a Puerto Rico, los taínos sin duda pensaron que éstos eran los que Yucajú mandaba.

Y se equivocaron.°

se equivocaron they were wrong

Ejercicios

A. Conteste con una oración completa.

1. ¿Quién era Atabei?
2. ¿De qué se dio cuenta?
3. ¿Cómo se llamaron sus dos hijos?
4. ¿Por qué estaba contenta Atabei?
5. ¿Qué hizo Yucajú con las piedras preciosas?
6. ¿Qué creó Yucajú para vivir entre las plantas?
7. ¿Por qué era diferente el primer hombre?
8. ¿Cómo se llamaba?

---

[5] *Maboyas:* See the *Apéndice.*
[6] *Caribes:* another Indian tribe. See *Apéndice.*

9. ¿Por qué se arrodilló?
10. ¿Cómo se sintió Guacar al ver la obra de su hermano?
11. ¿Qué empezó a hacer?
12. ¿En qué se convirtió?
13. ¿Qué hacía Juracán?
14. ¿Qué aprendió a hacer Lucuo?
15. ¿Cómo se llamaba el segundo hombre?
16. ¿Cómo se llamaba la primera mujer?
17. ¿Quiénes eran las maboyas?
18. ¿Quiénes eran los taínos?
19. ¿Quiénes eran los caribes?
20. ¿Qué pensaron los taínos cuando llegaron los españoles?

B. Añada la palabra más apropiada para terminar las siguientes oraciones.

1. En el _____ Atabei creó el cielo y la tierra.
2. Durante mucho tiempo todo estaba como en un profundo _____.
3. Atabei tuvo _____ hijos.
4. Los formó de _____ mágicos del espacio.
5. El sol y la luna _____ la tierra.
6. Las plantas _____ en la tierra.
7. El hombre era algo entre un animal y un _____.
8. Guacar no pudo soportar la _____.
9. Guacar se _____ en el terrible dios del mal.
10. Juracán movía los vientos con tanta fuerza que _____ los árboles.
11. Juracán dividió el _____ americano.
12. Locuo vivía _____ en la tierra.
13. Las maboyas escondían la _____.
14. Los _____ se llevaban a las mujeres taínos.
15. Los españoles no fueron mandados por _____.

C. Sustituya las palabras subrayadas con sinónimos de la siguiente lista. Es posible usar una palabra más de una vez.

destrozaban	enviaba	pues
alumbraba	formaron	Guacar
se llamaba	feliz	descendientes

1. Así se crearon las Antillas.
2. Locuo se sintió contento.
3. Los caribes destruían las aldeas taínas.
4. Juracán mandaba vientos fuertes.
5. Las maboyas rompían las canoas.
6. Su nombre era Guaguyona.
7. Juracán sintió envidia.
8. Los hijos y nietos de Guaguyona poblaron la tierra.
9. La luna daba luz de noche.
10. No se sentía contento porque tenía miedo.

D. Tema para discusión en clase o para composición escrita:

Distintas versiones de la creación del mundo. Busque la versión de la Biblia y una explicación científica. Compárelas con el mito taíno. ¿En qué se parecen? ¿En qué son diferentes?

> Te quisiera estar mirando
> treinta veces en el mes,
> siete días en la semana
> y un minuto cada vez.

La muerte de Salcedo (1511)

El relato de la muerte de Salcedo es uno de los más conocidos°   **más conocidos** best known
de la historia de Puerto Rico. Se encuentra en todos los textos
de historia y el famoso autor y dramaturgo, René Marqués, lo
usa como tema en su cuento Tres hombres junto al río.

Los caciques° de Boriquén estaban reunidos. Venían a   **caciques** chiefs
discutir el mal trato que recibían los indios de los españoles. Agüeybana, el cacique principal de Boriquén y
amigo de los españoles, había muerto. Su sobrino
Guaybana había heredado° su lugar. Guaybana inició la   **había heredado** had inherited
reunión hablando así.

—Hermanos, es hora de pelear. Recibimos a los
hombres blancos como amigos y ellos nos hacen
esclavos. Es hora de recobrar nuestra libertad.

—Comprendo su actitud, Guaybana. Pero usted tiene
que aprender a aceptar el destino. Hay que respetar a los
dioses.[1] Tenemos que aceptar lo que ellos quieren para
nosotros.

—Prefiero morir antes que aceptar la esclavitud,
Mabodamaca. Es posible que usted tenga razón.° Pero   **que usted tenga razón** that you are right
yo no puedo ni quiero aceptar esta situación. ¡Luchemos,
aunque sea° contra los dioses!   **luchemos, aunque sea** let us fight, though it may be..

—¡Así se habla,° Guarionex!— contestó Guaybana.   **así se habla** that's the way to talk
—Y al fin, ¿quién dice que son dioses? Ellos mismos
nunca lo dijeron. Nosotros lo decimos y ellos no lo

---

[1] The Indians believed the Spaniards were gods, therefore immortal.

niegan. Así les conviene.° Así nos hacen esclavos más
fácilmente. Es cierto que no los vemos morir, pero sólo
llevan tres años° entre nosotros.

—Ellos me aseguran a mí que son inmortales. Y
sabemos que creen que el gran Yucajú[2] de ellos tenía un
hijo que pareció morir, pero a los tres días volvió a vivir.° Un dios de amor, que amaba hasta °a sus enemigos.
¡Qué distinto de ellos! Ya saben ustedes como me quitaron mis propiedades.

—Todos comprendemos su enojo, Mabó. Pero todos
estamos sufriendo— contestó Guaybana.

—Sí, creo que fui yo el primero en mostrarle al jefe de
ellos ese metal amarillo que quieren tanto, y por el cual
nos hacen tanto sufrir— dijo con amargura° el cacique
Guaraca.

El viejo cacique Urayoán escuchaba sin hablar. No
compartía° ni la actitud violenta de unos ni la resignación
de otros. Cuando por fin se puso a hablar, era con calma
pero con firmeza.

—Hay una cosa que no entiendo en cuanto a este gran
bohique[3] que llaman Jesús, y me parece curioso. Si ellos
mismos son dioses, si son inmortales, ¿por qué admiran
tanto a otro que entonces no es más que ellos? ¿O será
que ellos adoran° a este hijo del gran Yucajú precisamente porque él es el único que es realmente inmortal? Él puede vencer la muerte, pero ellos no. Pero debemos estar seguros. No sé cómo todavía, pero cuando
llegue° el momento oportuno, haré la prueba,° y les avi-
saré el resultado.

* * *

Diego Salcedo caminaba por los bosques del oeste de
Boriquén. Caminaba por las tierras del viejo cacique
Urayoán. El viejo cacique le había dado algunos de sus
hombres para servirle de guías° y para cargar sus efectos.
Así Salcedo podía cumplir su misión más fácilmente.
Mientras caminaba, pensaba en varias cosas: en el carác-
ter de los indios, tan mansos° y tan humildes, que acep-

conviene it is suitable

sólo llevan tres años
they have only been
three years

volvió a vivir he
came to life again
hasta even

amargura bitterness

compartía he shared

**¿o será que ellos ado-
ran** or could it be
that they worship . . .?

llegue arrives
haré la prueba I will
make a test

servirle de guías
serve as guides

mansos meek

---

[2] *Yucajú:* Taino word for the Great Spirit—God. See also the *Apéndice.*
[3] *Bohique:* The *bohiques* in Taino society were at the same time priests and medicine men. See the *Apéndice.*

taban a los españoles como sus amos. En fin, los creían dioses.° A Salcedo le halagaba° la idea de ser un dios. Sonreía pensándolo. Luego se puso a pensar en las muchachas indias, con sus voces tan dulces, sus hermosos cuerpos bronceados, y ese pelo negro tan fino y sedoso. Podían hacerlo olvidar por un tiempo de las altivas mozas de España.

los creían dioses they believed them (to be) gods

halagaba flattered

Llegaron a la orilla° de un río. No era muy grande el río pero no pudo encontrarse un sitio llano para cruzar. Pero los mansos y serviciales indios tuvieron una solución. Dos de ellos ofrecieron cargarlo. En fin, así debía tratarse un a dios, reflexionaba Salcedo con satisfacción en tanto que° los indios le improvisaban un asiento con sus brazos. Pero al llegar a mitad del° río, pasó algo que puso fin a las reflexiones amenas de Salcedo. Los indios lo volcaron° y lo sujetaron debajo del agua. No podía respirar. ¡Se ahogaba!°

orilla shore

en tanto que while

a mitad del in the middle of

volcaron turned over

¡se ahogaba! he was drowning

Después que dejó de luchar,° los indios todavía lo sostuvieron debajo del agua un buen rato. Luego lo llevaron a la orilla. Estaban asustados de lo que habían hecho. El dios blanco seguramente iba a castigarlos severamente. Lo sentaron en la orilla, y uno de los indios comenzó a pedirle perdón. —Oh, gran dios blanco, perdónenos. Somos pobres mortales que no comprendemos su grandeza.

dejó de luchar stopped struggling

El gran dios blanco no contestó nada.

Era cierto que no daba muestras de vida. Pero tenían que estar seguros ¿Y si volvía a la vida° después de tres días, como el gran bohique? Así los indios se pusieron a esperar. Esperaron tres días y tres noches.

¿y si volvía a la vida and what if he should come back to life . . . ?

Pero Salcedo todavía no daba muestras de vida. Por el contrario, se veía por el estado del cuerpo que el gran dios blanco estaba bien muerto.°

bien muerto quite dead

—Son hombres; no son dioses— se limitó a decir uno de los indios. Y por la noche, las hogueras° en las montañas proclamaban la noticia.

hogueras bonfires

Ejercicios

A. Conteste con una oración completa.

1. ¿Quiénes trataban mal a los indios?
2. ¿Quién era Guaybana?
3. ¿Cómo recibieron los indios a los hombres blancos?
4. ¿Qué hicieron los españoles con los indios?
5. ¿Quién prefirió morir antes que aceptar la esclavitud?
6. ¿A quién le quitaron los españoles sus propiedades?
7. ¿Qué creían los indios respecto a los españoles?
8. ¿Quién les enseñó a los españoles dónde estaba el oro?
9. ¿Qué prometió hacer Urayoán?
10. ¿En qué iba pensando Salcedo mientras caminaba?
11. ¿Qué no pudo encontrarse en el río?
12. ¿Qué solución ofrecieron los indios?
13. ¿Qué hicieron los indios al llegar a mitad del río?
14. ¿Qué contestó Salcedo cuando los indios le pidieron perdón?
15. ¿A qué conclusión llegaron los indios?

B. Añada la palabra más apropiada para terminar las siguientes oraciones.

1. El sobrino de Agüeybana se llamaba _____.
2. Muchos indios creían que los españoles eran _____.
3. Mabó perdió sus _____.
4. El hijo del dios de los españoles amaba hasta a sus _____.
5. Urayoán se puso a hablar con calma pero con _____.
6. Urayoán prometió hacer una _____.
7. A Salcedo le halagaba la idea de ser un _____.
8. A Salcedo le gustaban las _____ indias.
9. Los indios ofrecieron _____ a Salcedo.
10. Cuando llegaron a mitad del río, los indios lo _____.
11. Los indios creían que Salcedo iba a _____.
12. Salcedo no _____ cuando le pidieron perdón.
13. Los indios esperaron _____ días.
14. Luego los indios se dieron cuenta de que Salcedo estaba _____.
15. Por la noche, las _____ proclamaban la noticia.

C. Sustituya las palabras subrayadas con un sinónimo de la siguiente lista. Es posible usar una palabra más de una vez.

diferente	quieren	empezó	muchachas
principal	luchar	sucedió	nunca

1. Hermanos, es hora de pelear.
2. Eso es distinto.
3. Por fin se puso a hablar.
4. Pasó algo que puso fin a las reflexiones de Salcedo.
5. Podía olvidar a las mozas de España.
6. Ellos mismos jamás lo dijeron.
7. Agüeybana era el cacique más importante de Boriquén.
8. Desean tener el metal amarillo.
9. Guaybana inició la reunión.
10. Aman hasta a sus enemigos.

D. Indique con sí o no delante de cada oración si es verdad o no. Si no es verdad, haga los cambios necesarios para que sea verdad.

1. _____ Los caciques discutían el mal trato que recibían los españoles de los indios.
2. _____ Agüeybana dijo que era hora de pelear.
3. _____ Guarionex quería pelear.
4. _____ Los indios no negaban que eran dioses.
5. _____ Guaraca perdió sus propiedades.
6. _____ Las tierras de Urayoán estaban en el este.
7. _____ Los indios ahogaron a Salcedo en un lago.
8. _____ Después de ahogarlo, esperaron tres días y tres noches.
9. _____ El gran dios blanco estaba vivo.
10. _____ El indio dijo que los españoles eran dioses.

E. Temas para discusión en clase o para composiciones escritas:

1. Lo que dijo Mabó: "Un dios de amor, que amaba hasta a sus enemigos. ¡Qué distinto de ellos!"
2. Problemas cuando entran en contacto dos culturas.

Cantar bien o cantar mal
en el campo es natural,
pero delante de la gente
cantar bien o no cantar.

Guanina (1511)   **3**

*La siguiente leyenda se basa en° la que es tal vez la mejor
conocida de uno de los más famosos historiadores y cuentis-
tas° de Puerto Rico, Cayetano Coll y Toste.*

   *Coll y Toste nació en Arecibo, en la costa norte de Puerto
Rico, en 1850. Estudió medicina en España y practicó la
medicina con éxito en su pueblo natal° de Arecibo, y más
tarde, en San Juan. También sirvió en puestos políticos con el
gobierno español y con el gobierno de los Estados Unidos. Su
labor como escritor también fue grande. Una de sus muchas
obras,* Leyendas Puertorriqueñas, *nos sirve de fuente° de información no sólo para la famosa historia de Guanina, sino
también para otras historias que leeremos más adelante.°*

   *Coll y Toste murió en España en 1930, donde había ido
para continuar sus investigaciones históricas.*

Él era un gallardo y valiente caballero español.

   Ella era una hermosa india, la hermana de un cacique.

   Y se querían.° Se querían aunque la paz que al principio existía entre sus dos pueblos se rompía por° el mal
trato que recibían los indios. Se querían aunque el hermano de la joven india era el cacique Guaybana que ins-
taba a los indios a sublevarse.°

   Nuestro caballero se llamaba Don Cristóbal de
Sotomayor, y estaba sentado en su casa en la aldea de
Agüeybana. De repente se presentó Guanina, que así se
llamaba la hermosa muchacha, y con voz llena de angustia, le dijo:

   —Debes huir.° Los caciques de Boriquén han decidido luchar. Han decidido matarte.

se basa en	is based on
cuentistas	story tellers
pueblo natal	home town
fuente	source
más adelante	later on
se querían	they loved one another
por	because of
sublevarse	to revolt
huir	to flee

13

—Estás exagerando, Guanina. Los indios viven en paz.

—No estamos vencidos,° señor. Y sabes que los tuyos° nos tratan con mucha crueldad. Nos hacen trabajar mucho. Quieren ser nuestros amos y no nuestros amigos.

—Veo que tú estás rebelde también.

—Digo lo que siento porque quiero salvarte, amor mío.

Con esto, Guanina rompió a llorar° y el joven hidalgo la retuvo entre sus brazos, besándola cariñosamente. De repente, llegó el intérprete de Don Cristóbal y le confirmó lo que decía Guanina: los indios estaban en rebelión. El intérprete también le aconsejó° huir pero Don Cristóbal le contestó con enojo que los Sotomayor no huían jamás, y que no pensaba cambiar sus planes para viajar a la Villa de Caparra[1] al día siguiente.

Temprano por la mañana, Don Cristóbal llamó a Guaybana, el cacique principal de Boriquén y hermano de Guanina, y le dijo que nombrara° un grupo de sus hombres para llevar el equipaje. Fruncido el ceño° pero con cortesía, el cacique prometió cumplir las órdenes, y salió. Pronto llegó un grupo de indios que se repartieron° el equipaje. El intérprete expresó sus inquietudes° a Don Cristóbal porque éste le había revelado a Guaybana la ruta del viaje.

Despidiéndose° por última vez de Guanina con un beso ardiente, Don Cristóbal y sus compañeros de armas se pusieron en camino.° Pronto se internaron° en los espesos bosques. De repente oyeron gritos. Era Guaybana y sus guerreros que se acercaban para el ataque. Los indios que cargaban el equipaje de los españoles, como no estaban armados, botaron° o robaron sus cargas y se fueron corriendo por el bosque.

Don Cristóbal y su pequeño grupo de amigos recibieron el ímpetu de Guaybana y sus guerreros que se lanzaron sobre ellos. La lucha fue cuerpo a cuerpo,° las espadas de los españoles contra las macanas° de los indios. Ambos grupos gritaron. Las macanas de los indios

no estamos vencidos we are not conquered
los tuyos your people

rompió a llorar broke out crying

aconsejó advised

que nombrara to appoint
fruncido el ceño frowning

se repartieron divided
sus inquietudes his concern

despidiéndose saying goodbye

se pusieron en camino set out
se internaron they penetrated

botaron threw away

cuerpo a cuerpo hand to hand, at close range
macanas war clubs

---

[1] *Villa de Caparra:* settlement founded by Ponce de León near the present site of San Juan

volaban partidas° por el buen acero° de las espadas españolas. Pero los guerreros de Guaybana pelearon bien y pronto cayeron todos los españoles menos° Don Cristóbal. Este trataba de acercarse a Guaybana cuando recibió un tremendo macanazo° en la cabeza que le quitó la vida.

    Un tiempo después, Guaybana y los suyos estaban descansando en una loma° cercana.—Don Cristóbal era muy valiente. Es preciso enterrarlo° con los honores de un gran guerrero— dijo Guaybana.

    Pero cuando los de la comitiva° india llegaron al sitio del combate, encontraron que Guanina ya estaba allí, besándole y lavándole la cara a su amante, tratando inútilmente de devolverle la vida.° Volvieron los indios e informaron a Guaybana.

    —Está bien. Respeten el dolor de Guanina, amigos míos. Mañana será sacrificada sobre la tumba de su amante para poder acompañarlo en la otra vida.

    Pero no fue necesario. Cuando volvieron los indios al lugar de la batalla, encontraron a Guanina ya muerta,° descansando su cabeza sobre el pecho del hidalgo español. Fueron enterrados juntos al pie de un árbol grande. Brotaron° después sobre esta tumba rojas amapolas y lirios blancos. Y dicen los campesinos del lugar que al atardecer se escuchan entre la brisa dulces cantos de amor. Se cree que son las almas de Don Cristóbal y de Guanina que, fieles a su gran amor, salen de la tumba para mirar la puesta del sol° y besarse bajo los rayos de la luna.

partidas split
acero steel

menos except

macanazo blow with a club

loma hill
enterrarlo to bury him

comitiva group

devolverle la vida bring him back to life

ya muerta already dead

brotaron sprouted

puesta del sol sunset

Ejercicios

A.   **Conteste con una oración completa.**
1.   ¿Dónde nació Cayetano Coll y Toste?
2.   ¿Qué estudió en España?
3.   ¿Cómo se llama una de sus obras?
4.   ¿Quién era Guanina?
5.   ¿Quién era su hermano?
6.   ¿Qué le aconsejó Guanina a Don Cristóbal? ¿Por qué?

7. ¿Quién más le aconsejó lo mismo a Don Cristóbal?
8. ¿Qué les contestó Don Cristóbal?
9. ¿Adónde pensaba viajar Don Cristóbal?
10. ¿Quiénes llevaron el equipaje de los españoles?
11. ¿Qué hicieron éstos cuando se acercaron los guerreros de Guaybana?
12. ¿Qué arma usaron los españoles?
13. ¿Con qué arma pelearon los indios?
14. ¿Cómo murió Don Cristóbal?
15. ¿Qué opinión tenía Guaybana del valor de Don Cristóbal?
16. ¿Dónde encontró la comitiva india a Guanina?
17. ¿Para qué debía ser sacrificada Guanina?
18. ¿Por qué no mataron los indios a Guanina?
19. ¿Dónde fueron enterrados Don Cristóbal y Guanina?
20. ¿Qué dicen los campesinos del lugar?

B. Añada la palabra más apropiada para terminar las siguientes oraciones.

1. Guanina era la hermana de un _____.
2. Los españoles trataron mal a los _____.
3. El _____ de Don Cristóbal confirmó lo que decía Guanina.
4. Don Cristóbal contestó que los Sotomayor no _____ jamás.
5. Guaybana nombró un grupo de sus hombres para llevar el _____.
6. Don Cristóbal se despidió de Guanina con un beso _____.
7. La _____ fue cuerpo a cuerpo.
8. Don Cristóbal no pudo pelear con _____.
9. Lo enterraron con los _____ de un gran guerrero.
10. Guanina trataba inútilmente de devolverle la _____.
11. Los indios volvieron al lugar de la _____.
12. Don Cristóbal y Guanina fueron enterrados _____.
13. Amapolas y _____ brotaron después sobre la tumba.
14. Al atardecer, los campesinos _____ cantos de amor.
15. Las almas de Don Cristóbal y de Guanina son _____ a su gran amor.

C. Sustituya las palabras subrayadas con un sinónimo de la siguiente lista.

acompañarlo	lugar	salió	pelearon
llegó	ambos	mirar	expresó
	ir	llevaron	

1. Don Cristóbal pensaba <u>viajar</u> a la Villa de Caparra.
2. Los indios <u>cargaban</u> el equipaje.

3. Llegaron al <u>sitio</u> del combate.
4. Puede <u>estar con</u> él en la otra vida.
5. Quieren <u>ver</u> la puesta del sol.
6. Guanina <u>se presentó</u> de repente.
7. El cacique <u>se fue.</u>
8. Los guerreros <u>lucharon</u> bien.
9. <u>Los dos</u> grupos gritaron.
10. El intérprete <u>reveló</u> sus inquietudes.

D. Tema para discusión en clase o para composición escrita:

Problemas del amor y del matrimonio cuando el muchacho y la muchacha son de diferentes culturas.

Si el soldado te quiere,
quiérelo nena,
que no ha de ser soldado
toda la vida.

Los milagros de Nuestra Señora de Monserrate (1600)

4

En el suroeste de Puerto Rico, entre San Germán y Mayagüez, se encuentra el pueblo de Hormigueros. La carretera principal que va entre esas dos ciudades pasa al lado de Hormigueros, pero el viajero puede apreciar la situación del pueblo construido donde termina el fértil valle y empiezan las montañas. Y precisamente en uno de los puntos más altos se encuentra la catedral. Esa catedral es el santuario de Nuestra Señora de Monserrate.[1]

En una tarde fresca de marzo subimos al santuario. El capellán° nos acompañó en nuestra visita, mostrándonos los cuadros y las imágenes. Son bellas creaciones de artistas desconocidos del siglo XVII. La imagen de la Virgen de Monserrate que se carga en las procesiones es pequeña pero bellamente labrada. El santuario data de más de tres siglos. Lo fundó el hombre del que vamos a hablar en esta historia.

capellán chaplain

Giraldo González era un agricultor que poseía extensas tierras en el suroeste de Puerto Rico, cerca de lo que es hoy el pueblo de Hormigueros. Estas tierras incluían no sólo fértiles llanuras° sino también lomas frondosas.

Un día Giraldo subió a una de esas lomas en busca de bejucos° para hacer canastas. Iba tan atento a su trabajo que no se dio cuenta de que se le acercaba un enorme toro salvaje. De repente oyó el rugido° del toro y vio que éste

llanuras plains

bejucos reeds

rugido roar

---

[1] The worship of Our Lady of Monserrate originated in the province of Cataluña in Spain.

le atacaba. Era un hombre valiente pero comprendió que nada podía hacer. De la sorpresa había dejado caer su machete° al lado de los bejucos. No había un árbol cerca para trepar° y estaba junto a un precipicio. Y el toro ya le venía encima.° Así que, con voz angustiada, gritó, —¡Favoréceme, divina Señora de Monserrate!

De repente todo era calma. El toro estaba mansamente arrodillado y había bajado la cabeza hasta el suelo. No tenía ya la menor intención de hacer mal a nadie. Y en el cielo había aparecido la Virgen de Monserrate con el Niño Jesús en los brazos. Y el toro estaba arrodillado obedeciendo un gesto que hacía el Niño con la mano.

Profundamente impresionado y agradecido, Giraldo González empezó a construir un santuario en ese lugar. Aún no estaba terminado cuando ocurrió el segundo milagro.

Giraldo tenía una hija de ocho años. Un día esta hija se perdió. En vano la buscó su padre durante varios días. En vano la buscaron los familiares y amigos del angustiado padre. En vano se organizaron patrullas de exploradores. Finalmente, después de quince días, cuando ya se perdían las esperanzas, la encontraron. Y la encontraron sana, limpia, bien cuidada y, al parecer,° bien alimentada.°

La niña se había protegido del frío y las lluvias durmiendo en el tronco hueco° de un árbol grande. Pero este hecho no bastaba para explicar° el buen estado en que se encontraba. Giraldo le preguntó:

—Pero hija, ¿no tenías miedo?

—Al principio sí, pero después vino la mujer y ella estaba conmigo y me consolaba.

—Pero, ¿qué comiste?

—Ah, la mujer también me trajo frutas y legumbres.

—Pero, hija, no entiendo. ¿Quién es esa mujer? ¿Cómo era?° ¿Por qué no la vieron los que te encontraron?

—No sé, pero ella era muy dulce. Tenía la tez° morena y los ojos eran negros y brillantes. Era muy linda.

Entendió Giraldo que la Virgen de Monserrate había intervenido otra vez en su favor, y se dedicó con más

machete a large heavy knife
trepar to climb
le venía encima was almost on top of him

al parecer apparently
alimentada fed

hueco hollow
no bastaba para explicar could not by itself explain

¿Cómo era? what was she like?

tez complexion

19

fervor al culto de ella. Terminó de construir el santuario y, años después cuando murió su esposa, se hizo sacerdote.° Así, como capellán del santuario, pudo dedicarse por completo al servicio de su protectora, que de esta forma vino a ser la patrona del pueblo de Hormigueros, que se fundó en aquel lugar.

    sacerdote priest

Así, durante más de 350 años se ha mantenido vivo el culto a la Virgen de Monserrate en el pueblo de Hormigueros. Las fiestas patronales se celebran en los últimos días de agosto y la primera semana de septiembre. El espíritu religioso que prevalece durante estos días en que el pueblo de Hormigueros honra a su Virgen protectora es un digno ejemplo para todo Puerto Rico de cómo se deben celebrar las fiestas patronales.[2]

Ejercicios

A. Conteste con una oración completa

1. ¿Qué poseía Giraldo González?
2. ¿Para qué subió a una de las lomas?
3. ¿Por qué no se dio cuenta de que el toro se acercaba?
4. ¿Por qué no podía hacer nada?
5. ¿Qué hizo?
6. ¿Dónde apareció la Virgen?
7. ¿Quién estaba en los brazos de la Virgen?
8. ¿Qué hizo el toro? ¿Por qué?
9. ¿Cuántos años tenía la hija de Giraldo?
10. ¿Qué le pasó a la hija?
11. ¿Cuándo la encontraron?
12. ¿En qué estado se encontraba?
13. ¿Dónde durmió?
14. ¿Qué comió?
15. ¿Cómo entendió la situación Giraldo?
16. ¿Qué construyó Giraldo? ¿Dónde?
17. ¿Qué hizo cuando murió su esposa?

---

[2] *Fiestas patronales:* All of the cities and towns of Puerto Rico have a special period of celebration each year in which their own patron saint is honored. However, these celebrations have lost much of their religious flavor.

18. ¿Cuándo se celebran las fiestas patronales de Hormigueros?
19. ¿Dónde se encuentra el pueblo de Hormigueros?
20. ¿Qué puede ver el viajero desde la carretera?

B. Añada la palabra más apropiada para terminar las siguientes oraciones.

1. Las _____ incluían llanuras y lomas.
2. Giraldo oyó el _____ del toro.
3. Giraldo era un hombre _____.
4. No había un _____ cerca para trepar.
5. Giraldo dejó caer su _____.
6. El toro había bajado la _____ hasta el suelo.
7. Giraldo empezó a _____ un santuario.
8. Giraldo _____ a la niña durante varios días.
9. El tronco del árbol era _____.
10. La niña dijo que no tenía _____ porque la mujer la consolaba.
11. Los que la encontraron no _____ a la mujer.
12. La Virgen de Monserrate _____ dos veces en favor de Giraldo.
13. Giraldo se hizo sacerdote y _____ del santuario.
14. Hormigueros es un digno _____ para todo Puerto Rico.
15. Un espíritu religioso _____ durante estos días.

C. Sustituya las palabras subrayadas con sinónimos de la siguiente lista. Es posible usar una palabra más de una vez.

bella	organizaron	ocurría
grande	empezaron	estaba
muy	así	poseía

1. El toro era enorme.
2. La imagen es muy hermosa.
3. Estaba profundamente impresionado.
4. Se formaron patrullas de exploradores.
5. La mujer era muy linda.
6. De esta forma vino a ser la patrona del pueblo.
7. Comenzaron a construir el santuario.
8. Se encontraba junto a un precipicio.
9. Tenía extensas tierras en el suroeste.
10. No entendió lo que sucedía.

D. **Tema para discusión en clase o para composición escrita:**

La importancia de conservar (o de rechazar) las tradiciones.

El alma tengo partida
y el corazón en pedazos,
hasta no verme en tus brazos
linda niña, mi querida.

La Vuelta de la Culebra (1700)

5

Hablamos mucho de Guayama, tal vez porque uno de los autores del libro es de Guayama. Pero hay que reconocer que la ciudad de Guayama es de por sí interesante. Se conoce como la Ciudad Bruja. *Veremos la razón en otra leyenda. Y su equipo de baloncesto se llama* Los Brujos. *Adela Martínez Santiago, orgullosa guayamesa, describe su pueblo natal en los siguientes términos:*

La tranquila ciudad de Guayama está localizada en el sur de la isla de Puerto Rico. Hacia el norte de la ciudad pueden admirarse las majestades° en ricos tonos de verde; al sur, el plácido Mar Caribe, de azules intensos y blancas playas. Las limpias calles son simétricas° de tal manera que desde la alta verdura puede apreciarse la romántica belleza de todo el pueblo. Al centro se levanta la iglesia católica, solemne estructura del siglo XVII. Antes de la industrialización y el progreso económico, Guayama era un pueblo pequeño, y todos sus habitantes se conocían. Era una época de dificultades económicas pero rica en pintorescas tradiciones e interacción social. Era la época feliz y romántica de serenatas, misas de gallo° y rosarios de cruz.[1] Por las noches al salir de la novena,[2] las damas se reunían en los balcones a comentar los chismes del pueblo y los caballeros formaban tertulias° en los cafés y en la plaza para lo mismo, pero ellos decían que hablaban de política. Las jóvenes parejas paseaban de brazo por la plaza o se amparaban en la penumbra° de un banco debajo

majestades
mountains

simétricas
symmetrical, even

misas de gallo
midnight mass on
Christmas Eve
formaban tertulias
got together in
informal groups
**se amparaban en la
penumbra** sought
the shadows

---

[1] *Rosarios de Cruz*: Popular religious custom held at different homes, in which amateur and/or professional musicians join the town people in singing to the Holy Cross until late at night. This usually takes place during the month of May.
[2] *Novena*: In the Roman Catholic Church, the practicing of devotions during a nine-day period, usually for some special religious purpose.

*de un frondoso árbol a disfrutar de un furtivo beso y a soñar
con. . .lo que sueñan los enamorados.*

*Al sur, el pueblo terminaba en una carretera sinuosa, de
curvas parecidas a una culebra° en movimiento, razón por la
cual la gente la llamaba* La Vuelta de la Culebra. *El origen de
este camino se remonta° a la época de la esclavitud.*

culebra snake

se remonta dates
from

Allá para el 1700 en las campiñas° que bordean el sur de
Guayama, existía la hacienda de la familia Rodríguez.
Esta familia era muy querida y respetada por sus esclavos
a quienes trataban con rectitud, consideración y afecto.
Allí vivía una pareja de esclavos muy enamorados,
Mercé y Cayo. Toda la hacienda sabía que se adoraban.
Ya el amo les concedió permiso para casarse y los pre-
parativos habían comenzado.

campiñas fields

Siempre se veían juntos hablando de su próxima boda,
de los muchos hijos que tendrían y de la felicidad que
brinda° el amor. Cayo la amaba tierna y profundamente.
Lo único importante en su vida era su Mercé. Ella a su
vez sólo pensaba en él y por él vivía; Cayo llenaba cada
rincón de su joven alma; sus días y sus noches estaban
consagrados a venerarlo.

brinda offers

Por esos días, el amo compró una docena de esclavos.
En el grupo vino una mulata joven, hermosa y volup-
tuosa. El negro cabello lacio° y abundante le llegaba
hasta la estrecha cintura,° enmarcando las anchas
caderas.° Su cimbreante caminar° despertaba pasiones
tormentosas aun en los más ancianos y virtuosos. Cayo
también sucumbió ante la salvaje hermosura y coquetería
de Faní. Comenzó a rondarla,° a tratar de conquistarla.
Amaba a su Mercé, pero Faní lo perturbaba. Sentía un
deseo intenso de poseerla y la asediaba° continuamente.

lacio straight

cintura waist

caderas hips
**su cimbreante
caminar** her
swaying walk

rondarla to flirt
with her

asediaba besieged

Al ver su felicidad en peligro, Mercé intentó retener al
amor de su vida por todos los medios. Sufría amargamente al ver que lo perdía. Sin embargo, le quedaba un
recurso,° uno que a ella le repugnaba por su condición de
católica convertida. Pero su angustia pudo más que° su
fe, y acudió a una bruja.°

**le quedaba un
recurso** one
means was left to her
pudo más que
was stronger than
bruja witch

25

La bruja le preparó un *trabajo*³ consistente en varios aceites, yerbas, hojas y líquidos. En esta mezcla remojó° una piel de culebra hembra por nueve días; luego la colgó° en un árbol de anacaguita° por tres días y tres noches. A la tercera noche, de luna llena y al dar la medianoche,° descolgó la piel. Luego, con cánticos y oraciones en un dialecto que sólo ella conocía, amarró dos muñecos de trapo con la piel de la culebra.° Luego enterró los muñecos, que representaban un hombre y una mujer debajo del árbol. Mercé presenció la macabra escena y, aunque aterrada, se sintió animada porque la bruja le aseguró que Cayo jamás la abandonaría, pues la piel de culebra lo tendría para siempre junto a ella. De acuerdo al hechizo, para la próxima luna llena la pareja estaría felizmente casada, y la intrusa haría como la culebra. Se arrastraría por el bosque y no la verían más.

Pero la bruja era vieja y a veces, como en este caso, confundía los nombres y las personas. Y enterró los muñecos con los nombres de Faní y Cayo.

Mercé esperó ansiosa a su amado, contando los días hasta la luna llena. Ya faltaba poco. Feliz, preparaba su ajuar° de novia y anunció a su familia y sus amigos su matrimonio. ¡Faltaba un día! Llegó la última noche de la espera. Entonces le trajeron la noticia. Cayo y Faní se habían casado esa tarde en la misma iglesia de donde ella había soñado salir del brazo de Cayo. Mercé sintió que el corazón se le despedazaba;° el dolor la estremeció° y salió corriendo y gritando como loca hacia el bosque. Al otro día los esclavos de la hacienda notaron con asombro un camino que apareció en la llanura igual a una culebra en movimiento.

Nadie volvió a ver a Mercé.

remojó soaked

colgó hung
anacaguita typical Puerto Rican tree
al dar la medianoche on the stroke of midnight
amarró...culebra tied two rag dolls with the snake's skin

ajuar apparel

despedazaba was tearing apart
estremeció shook

---

³ *trabajo*: the ingredients or mixture that a witch prepares for a particular case

Ejercicios

A. Conteste con una oración completa.

1. ¿Dónde se encuentra la ciudad de Guayama?
2. ¿Qué hay en el centro del pueblo?
3. ¿Cuándo se conocían todos sus habitantes?
4. ¿Dónde se reunían las damas?
5. ¿Qué comentaban?
6. ¿Dónde se reunían los caballeros?
7. ¿Qué hacían los jóvenes?
8. ¿Qué hay al sur del pueblo?
9. ¿Cuándo ocurrieron los sucesos de esta leyenda?
10. ¿A qué familia pertenecía la hacienda?
11. ¿Cómo se llamaban los enamorados?
12. ¿De qué hablaban?
13. ¿Qué compró el amo?
14. ¿Quién vino en el grupo?
15. ¿Cómo era?
16. ¿Qué hizo Cayo?
17. ¿Qué recurso le quedaba a Mercé?
18. ¿Por qué confundió la bruja los nombres y las personas?
19. ¿Con quién se casó Cayo?
20. ¿Qué le pasó a Mercé?

B. ¿Cuáles palabras describen a Mercé?

esclava	bruja	cruel
vieja	joven	católica
enamorada	supersticiosa	temerosa

¿Cuáles palabras describen a la familia Rodríguez?

recta	bondadosa	cruel
generosa	respetada	esclava
justa	pobre	rica

C. Termine las oraciones con las palabras más apropiadas.

1. "Majestades en ricos tonos de verde" se refiere a
   - a. las casas
   - b. las montañas
   - c. la gente
   - d. las playas

2. De acuerdo a la leyenda, *la Vuelta de la Culebra* fue resultado de
   a. un hechizo   c. la labor de los esclavos
   b. un temblor   d. una formación natural

3. Los caballeros se reunían para
   a. hablar de política
   b. comentar los chismes
   c. pasearse por la plaza
   d. hablar de la industrialización

D. Sustituya las palabras subrayadas con sinónimos de la siguiente lista. Es posible usar una palabra más de una vez.

pueblo	virtuosos	intentó
dificultades	tertulia	llegó
tranquilo	recurso	amaba

1. Los caballeros hacían reuniones informales en los cafés.
2. Mi ciudad de Guayama está en el sur.
3. Era una época de problemas.
4. Cayo adoraba a Mercé.
5. El mar se ve plácido desde aquí.
6. Trató de retenerlo por todos los medios.
7. Aun los hombres buenos la asediaban.
8. Ella dijo que no lo quería.
9. Con el grupo vino una mulata joven.
10. Era el único medio que le quedaba.

E. Temas para discusiones en clase o para composiciones escritas:

1. Lo que una muchacha debe hacer cuando siente que su amor se va (¿llorar poco y buscar otro?)
2. Las brujas — ¿existen o no?

> Mi mujer y mi caballo
> se me murieron a un tiempo.
> Qué mujer ni qué demonio:
> ¡Mi caballo es lo que siento!

La Garita del Diablo (1790)   6

Aunque Coll y Toste escribió también una versión de la leyenda de la garita° del diablo, nos hemos apartado° un tanto de ésta para basarnos en la de otro de los grandes cultivadores de la leyenda. Manuel Fernández Juncos. Éste nació en España en 1846 y llegó a Puerto Rico en 1857. Fue periodista, literato y ensayista. Escribió sobre la política, sobre las costumbres y sobre la historia. Escribió prólogos y biografías. El género costumbrista lo fascinaba y una de sus obras más importantes fue Tipos y Caracteres Puertorriqueños. *Podemos considerar que él es el forastero° en el cuento siguiente.*

garita sentry box
apartado separated

forastero outsider

En el extremo norte del Castillo de San Cristóbal, hay una pequeña extensión de tierra que penetra en el mar. Como los tiempos eran de guerras e inquietudes, los españoles construyeron en esta extensión de tierra una garita desde donde podía verse toda la costa norte en las cercanías de San Juan, de manera que ninguna flota enemiga podía acercarse al puerto sin ser vista.

La garita se comunicaba con el Castillo de San Cristóbal por medio de un pasaje subterráneo. Cada dos horas se mandaba el relevo° al centinela° encargado de la guardia en la garita.

Durante algún tiempo parece que todo fue bien. Pero una noche, cuando llegaron el cabo de guardia° junto con el soldado de relevo a la garita, no encontraron a nadie. Gritaron. Buscaron. Todo fue inútil.

Pasaron algunos meses y lo mismo volvió a ocurrir.°

relevo replacement
centinela person on watch

cabo de guardia corporal of the guard

volvió a ocurrir happened again

Esta vez encontraron el fusil dentro de la garita pero el soldado mismo no apareció. Y después, dos o tres soldados más desaparecieron de la misma forma. El miedo a lo desconocido° y al misterio se extendió entre las tropas, y por fin la guardia de San Cristóbal dejó de poner° centinelas en aquel sitio. Se cerró el pasaje que conducía a la garita, que desde aquel momento quedó abandonada. Según las creencias populares, el mismo diablo venía a llevarse° a los infortunados guardias.

Muchos años después, unos campesinos comentaban estos sucesos con un forastero. Sus caras revelaban la emoción y el terror que los dominaban — todos con excepción de un viejito que con sonrisa burlona escuchaba los comentarios sin decir nada. Pero su actitud no pasó desapercibida° para el forastero. Este, interesado en el caso, buscó al viejito para preguntarle la razón por su actitud. ¿Acaso° no creía en el diablo?

Al principio el viejito no quería hablar y, sólo después de tomar ciertas precauciones y de averiguar a su vez la identidad del forastero, contestó la pregunta.

—No es que no creo en el diablo, señor, pero el diablo no tuvo que ver con °la desaparición de los guardias, al menos no con todos los guardias. Pero, déjeme explicar.

—En mi juventud yo servía en un batallón acuartelado° en San Cristóbal, e hice guardia° muchas veces en la que llamábamos entonces garita del mar. No era agradable. El sitio era solitario, frío, húmedo y, por lo general, hacía mucho viento.

—Una noche lluviosa me tocó turno° desde las once hasta la una. Tenía dos cigarros que acababa de comprar y me entraron muchas ganas de fumar.° Aunque se prohibe fumar cuando uno está de guardia, la tentación por fin era demasiado fuerte. Me senté en la garita y quise prender uno de los cigarros. En ese momento un chorro° de agua de una ola grande penetró por la ventanilla de la garita y me mojó el yesquero.°

—Muy contrariado, me puse a maldecir mi mala suerte cuando, de repente, me fijé en° una luz por la costa al oeste del Castillo. La luz venía de una casucha,° y como por lo visto° había gente despierta, pensé que allí

lo desconocido the unknown
dejó de poner stopped placing

llevarse take away

no pasó desapercibida did not go unnoticed
¿acaso could it be that...?

no tuvo que ver con had nothing to do with

acuartelado stationed
hice guardia I stood guard

me tocó turno my turn was

me entraron... fumar I wanted to smoke very badly
chorro spurt
yesquero tinder box; device made of flint and a dry, inflammable material used for starting a fire before matches were common
me fijé en I noticed
casucha hut
por lo visto apparently

31

podría encender° mi cigarro. Calculé que podía ir y vol-   **encender** to light
ver en unos diez minutos.

—Sin pensarlo más, me puse a caminar en dirección
de la luz. Llegué a una tienda pequeña donde encendí mi
cigarro y pedí una copa de aguardiente. Entonces supe
que la tienda estaba abierta porque el dueño estaba cele-
brando el bautizo de una niña. De una de las salas in-
teriores se oía música. La obligación me llamaba, pero
antes de volver a la oscura garita quería satisfacer mi
curiosidad asomándome a la puerta de la sala. ¡Qué
música más sabrosa, y qué chicas, por Dios! Sobre todo
había una morena de ojos de fuego, a quien no podía
quitar la vista.

—Pero era necesario volver. Tomé una decisión
heroica y llegué hasta la puerta de la tienda. Pero caía
ahora un fuerte aguacero, y pensé que debía esperar
hasta que escampara° un poco. Así que volví a la sala de   **escampara** it
baile y al rato pude conversar con la linda morena. Bailé   cleared up
unas piezas con ella y comenzaba a declararle mi amor
eterno cuando de repente oigo° la campana del castillo   **oigo** I heard (present
anunciando la hora de relevo. Salí de la tienda sin des-   tense for emphasis)
pedirme, pero cuando llegué a unos cien metros de la
garita, me di cuenta de que era demasiado tarde. Ya el
cabo y el soldado que me relevaba andaban con linternas
buscándome.

—La Ordenanza Militar es inflexible en cuanto al centinela que abandone su puesto, la pena de muerte. Así
que no pude volver al castillo y debía aprovechar° las   **aprovechar** to take
horas de la noche para escaparme. Corrí hasta la playa,   advantage
robé un bote y por fin llegué a este barrio, donde un
humilde campesino compartió su choza° conmigo.   **choza** cabin
Trabajé un tiempo con él, aprendí a cultivar la tierra, y
por fin adquirí unas tierras donde construí mi propio
bohío° y fundé una familia, y ahora me ve usted conver-   **bohío** hut
tido en un jíbaro neto.[1]

Así que el diablo no era el único responsable de lo que

---

[1] *Jíbaro* is a name given to the Puerto Rican rural dweller. The typical *jíbaro* is considered to embody
rural virtues and to stand for what is most authentic in Puerto Rican customs. He has been idealized,
somewhat as the cowboy and the southern mountaineer have in the United States.

pasó con los centinelas que desaparecieron de la garita
del diablo.

A menos que esa linda morena de ojos de fuego fuera°   **fuera**   was
una agente del diablo.

¿Quién sabe?

Ejercicios

A. Conteste con una oración completa.

1. ¿Dónde y cuándo nació Manuel Fernández Juncos?
2. ¿Cuándo llegó a Puerto Rico?
3. ¿Sobre qué escribió Manuel Fernández Juncos?
4. ¿Qué género le fascinaba y cuál fue una de sus obras más destacadas?
5. ¿Qué hay en el extremo norte del Castillo de San Cristóbal?
6. ¿Quiénes construyeron la garita? ¿Para qué?
7. ¿Cómo se comunicaba la garita con el Castillo de San Cristóbal?
8. ¿Qué pasaba con los centinelas que estaban encargados de la guardia en la garita?
9. ¿Qué creía la gente sobre la desaparición de los soldados?
10. ¿Con quién comentaban estos sucesos unos campesinos?
11. ¿Quién escuchaba los comentarios sin decir nada?
12. ¿Por qué buscó este forastero al viejito?
13. ¿Qué hacía este viejito en su juventud?
14. ¿Qué le pasó en el momento en que iba a prender uno de sus cigarros?
15. ¿Dónde prendió el cigarro?
16. ¿Por qué estaba abierta la tienda?
17. ¿Por qué se quedó el viejito más tiempo en la tienda?
18. ¿Qué pasó cuando él comenzaba a declararle su amor a la morena de ojos de fuego?
19. De acuerdo a la Ordenanza Militar, ¿qué pasa al centinela que abandona su puesto?
20. ¿Qué hizo el viejito cuando se dio cuenta de que no podía volver al castillo?

B. Añada la palabra más apropiada para terminar las siguientes oraciones.

1. En el norte del Castillo de San Cristóbal hay una extensión de _____ que penetra en el mar.
2. Los españoles construyeron en esta extensión de tierra una _____.
3. La garita se comunicaba con el Castillo de San Cristóbal por medio de un pasaje _____.

4. Varios _____ desaparecieron al estar velando en la garita.
5. Por fin se cerró el _____ que conducía a la garita.
6. Según creencias populares el _____ venía a llevarse a los infortunados guardias.
7. Unos _____ comentaban estos sucesos con un forastero.
8. El forastero buscó al _____ para preguntarle la razón por su actitud.
9. El viejito hizo _____ muchas veces en la garita durante su juventud.
10. El sitio era _____, frío y humedo.
11. Cuando quiso prender su cigarro, un chorro de agua le mojó el _____.
12. Llegó a una _____, donde pudo encender su cigarro.
13. Caía un fuerte _____.
14. La Ordenanza Militar es _____ en cuanto al centinela que abandone su puesto.
15. El viejito se convirtió en un _____ al tener que huir del castillo.

C. Sustituya las palabras subrayadas con sinónimos de la siguiente lista.

contrariado	menos	según
forma	agradable	comenzaba
inútil	choza	mandaba
penetraba		

1. El agua entraba por la ventanilla.
2. Cada dos horas se enviaba el relevo al centinela.
3. Todo fue en vano.
4. El lugar no era ameno.
5. Dos o tres soldados más desaparecieron de la misma manera.
6. De acuerdo a las creencias populares, el diablo se llevaba a los guardias.
7. Todos tenían miedo con excepción de un viejito.
8. Muy disgustado, se puso a maldecir su mala suerte.
9. Empezaba a declararle mi amor eterno.
10. Un humilde campesino compartió su casita conmigo.

E. Tema para discusión en clase o para composición escrita:

Las obligaciones militares. ¿Hizo bien el hombre en escaparse?

> Quisiera ser la pintura
> de tu delantal rosado,
> para estar siempre abrazado
> a tu bonita cintura.

Cofresí (1824-1825) (Primera parte)

7

Para el siguiente relato, además de los datos rigurosamente históricos, nos hemos valido no sólo del cuento de Coll y Toste, sino también de la novela histórica de Alejandro Tapia y Rivera, titulada simplemente Cofresí. *Nació Tapia en San Juan en 1826. Fue a Madrid a estudiar, como resultado de un duelo° con un oficial de artillería que causó su destierro.° Se dedicó a la investigación histórica y a la enseñanza, además de ser un autor destacado.° El teatro más famoso de San Juan lleva su nombre.*

duelo duel
destierro exile

destacado outstanding

En un tiempo su nombre era temido y respetado por las costas del sur y del oeste de Puerto Rico.

Fue perseguido en el mar por barcos de guerra enviados por el gobierno de los Estados Unidos y en tierra por las tropas españolas.

Era el rey de los piratas. No podemos, por lo tanto,° decir que era un hombre bueno, pero tenía un carácter digno de mejor destino. Era valiente, ingenioso, hábil y generoso. Tenía un don de mando° natural. Tenía fama de ser una especie de Robin Hood boricua, pues repartía° gran parte de su botín entre los pobres.

por lo tanto therefore

don de mando leadership ability
repartía he shared

En otro tiempo y en otras circunstancias, hubiera podido ser,° tal vez, un héroe militar.

Pero era pirata.

Los sucesos que vamos a relatar ocurrieron hacia el final de su carrera.

Ya iba mar afuera después de unos días en tierra en que él y su tripulación° descansaron y consiguieron pro-

hubiera podido ser he might have been

tripulación crew

visiones. Iba de noche en su veloz goleta° la *Ana*. Salía   **goleta** schooner
de su lugar de escondite° entre los islotes que bordean la   **escondite** hiding
costa sur de Puerto Rico e iba charlando con su buen
amigo Ricardo. Ricardo había aprovechado estar en
tierra para ver a su novia. De repente hubo un grito.
—¡Vela° a la vista!   **vela** sail

Cofresí gritó una orden y la *Ana* cambió de rumbo
para acercarse más al otro barco. Una hora más tarde y
a la luz del amanecer, divisaron los piratas más clara-
mente el otro barco, que resultó ser° danés. Vieron que   **resultó ser** turned
no era un barco de guerra y juzgaron que debía ser   out to be
presa° fácil. Así empezaron a persequirlo. Sospechando   **presa** prey
que los de la goleta fueran piratas, los daneses se
huyeron. Sin embargo, pronto se dieron cuenta de que la
fuga era inútil. La goleta era mucho más veloz que el
barco danés. Así pararon súbitamente e hicieron frente a
los piratas.

Cofresí gritó al capitán del barco danés que le enviara
un bote.° Esta costumbre de pedir a un barco perseguido   **bote** small boat
qué enviara uno de sus propios botes tenía su razón de
ser: primero, disminuía el número de hombres que podía
defender el barco y, segundo, daba rehenes.° Y como   **rehenes** hostages
generalmente los barcos persequidos no estaban
armados, complacían la demanda.

Pero esta vez el resultado fue diferente. En vez de ver
obedecidas sus órdenes, los piratas vieron una llama en
una apertura° del barco. Oyeron algo así como un trueno   **apertura** opening
y vieron cómo pasó cerca una bala de cañón. ¡El barco
danés tenía un cañón escondido!

La bala no dio en el blanco,° pero como no esperaban   **no dio en el blanco**
resistencia, los piratas se asustaron. Fue necesaria la voz   did not hit the target
imperiosa de Cofresí para restablecer el orden. Entonces
los piratas empezaron a hacer fuego con sus fusiles y con
su propio cañón mientras que se acercaban lo más
rápidamente posible para efectuar el abordaje. Los
tripulantes daneses contestaron el fuego con sus propios
fusiles, pero sólo tuvieron tiempo de disparar° su propio   **disparar** to shoot
cañón una vez más. La *Ana* ya estaba al lado y los piratas
sujetaron los dos barcos con ganchos de abordaje.°   **ganchos de abordaje**
      boarding hooks

El abordaje no fue cosa fácil pues los daneses defen-
dieron su barco con mucho valor. Por fin Cofresí y
Ricardo llegaron a la cubierta del barco danés después de

un furioso combate cuerpo a cuerpo. Los otros piratas los siguieron y por fin pudieron tomar el barco. Cuando terminaba el combate, apareció sobre la cubierta° una hermosa mujer con un niño entre sus brazos. Cofresí no pudo impedir la muerte de la mujer, pero intervino para salvar al niño. La nobleza y generosidad que caracterizaban a Cofresí no eran siempre compartidas por los otros tripulantes. Como es bien sabido, algunos de los piratas eran sumamente crueles.

cubierta deck

En efecto, el homicida de la mujer y un compañero suyo querían también matar a Cofresí y a su amigo Ricardo para quedarse con° la *Ana* y con más botín. Después de cargar con el botín del barco danés y de hacer algunas reparaciones en su propia goleta, Cofresí llevó a los sobrevivientes de la tripulación danesa, ya prisioneros suyos, a una isleta cerca de la costa. Allí los dejó con un par de hachas y un par de fusiles para poder sobrevivir hasta que pudieran ser rescatados. Pero se quedó con el niño, a quien dejaba dormir en su propia litera.° A la noche siguiente uno de los presuntos amotinados° llegó hasta Cofresí y levantó el puñal para matarlo. En ese momento el niño, que sufría una pesadilla° producto de sus experiencias del día anterior, gritó, —¡Mamá! ¡Mamá mía!— Cofresí se despertó y antes de caer el puñal,° la bala de una de sus pistolas puso fin a la vida del presunto asesino.

para quedarse con in order to keep

litera bunk
presuntos amotinados would be mutineers
pesadilla nightmare

puñal dagger

A la mañana siguiente los piratas divisaron otra vela. Pero cuando se acercaron un poco, supieron que se trataba de un barco de guerra norteamericano, la *Grampus*, enviado a esas aguas a propósito para buscar a Cofresí. Cofresí se dio cuenta de que era necesario escaparse cuanto antes. Esto no era fácil; la *Grampus* era más veloz que la *Ana*. Pero Cofresí conocía tan bien las aguas por la costa de Puerto Rico que metió su goleta por aguas poco profundas, entre los islotes, donde la *Grampus*, por su mayor tamaño, no se atrevía a° seguir. Por fin un chubasco° vino en ayuda de los piratas y lograron escaparse de sus perseguidores.

no se atrevía a didn't dare
chubasco squall

Ejercicios (primera parte)

A. Conteste con una oración completa.

1. ¿Dónde nació Tapia?
2. ¿Por qué fue a Madrid?
3. ¿A qué se dedicó?
4. ¿Quiénes persiguieron a Cofresí?
5. ¿De qué tenía fama Cofresí? ¿Por qué?
6. ¿Qué hubiera podido ser bajo otras circunstancias?
7. ¿Cuándo ocurrieron los sucesos que se relatan aquí?
8. ¿Cómo se llamaba el barco de Cofresí?
9. ¿Dónde estaba escondido?
10. ¿Qué vieron los piratas a la luz del amanecer?
11. ¿De qué se dieron cuenta los daneses?
12. ¿Qué le pidió Cofresí al capitán del otro barco?
13. ¿Qué hicieron entonces los del barco danés?
14. ¿Por qué se asustaron los piratas?
15. ¿Por qué fue difícil el abordaje?
16. ¿Quién apareció sobre la cubierta cuando terminaba el combate?
17. ¿Para qué intervino Cofresí?
18. ¿Por qué querían dos de los hombres matar a Cofresí?
19. ¿Quién le salvó la vida a Cofresí? ¿Cómo?
20. ¿Por qué no atacaron los piratas al segundo barco?

B. Añada la palabra más apropiada para terminar las siguientes oraciones.

1. Su _____ era temido y respetado por las costas del sur.
2. Tenía un carácter _____ de mejor destino.
3. Salieron de su lugar de escondite durante la _____.
4. Ricardo vio a su _____.
5. El otro barco resultó ser _____.
6. Los daneses no _____ la demanda de Cofresí.
7. Con su voz imperiosa, Cofresí _____ el orden.
8. Los otros piratas _____ a Cofresí y Ricardo.
9. La mujer tenía un _____ entre sus brazos.
10. Dejaron a los _____ en una isleta.
11. El niño sufría una _____.
12. La *Grampus* era un barco de _____.
13. Cofresí metió su goleta por aguas poco _____.
14. La *Grampus* no se atrevió a seguir porque era demasiado _____.
15. Los piratas lograron _____ de sus perseguidores.

C. Sustituya las palabras subrayadas con sinónimos de la siguiente lista.

asesino	mientras	dispararon
islotes	salvar	dedicaron
sumamente	rápida	divisaron
pararon		

1. Al amanecer <u>vieron</u> otro barco.
2. Se <u>consagraron</u> a la investigación histórica.
3. El <u>homicida</u> levantó el puñal.
4. Se <u>detuvieron</u> e hicieron frente a los piratas.
5. La goleta era más <u>veloz</u> que el barco de guerra.
6. Algunos piratas eran <u>muy</u> crueles.
7. <u>Hicieron fuego con</u> sus fusiles.
8. Intervino para <u>proteger</u> al niño.
9. Hay una cantidad de <u>isletas</u> al sur de Puerto Rico.
10. Hacían fuego con el cañón <u>en lo que</u> se acercaban para el abordaje.

D. Tema para discusión en clase o para composición escrita:

La manera de vivir de los piratas. Investigue la vida y las hazañas de otros piratas famosos.

> Cásate, niña, temprano,
> no hagas como la rosa,
> que pasa de mano en mano
> y el más infeliz la goza.

Cofresí (1824-25)
(Segunda parte)

Una noche como a° las once, un hombre llamó a la
puerta de una casa grande y rústica en el campo cerca del
pueblo de Yauco, en el suroeste de Puerto Rico. A pesar
de la barba postiza° con que se disfrazaba,° se veía que
era joven. El que vivía dentro de la casa tardó algún
tiempo en contestar pero por fin abrió la puerta. Se veía
por su modo de vestir que era sacerdote.

—¿Con quién tengo el gusto de hablar?

—Soy un hijo de la mar, reñido con° las leyes de los
hombres.

—¿Cómo? Perdone, pero no le entiendo.

—Soy lo que llaman los hombres un pirata.

—¡Cofresí! ¡Usted es Cofresí!

—Veo que mi nombre no es misterio para usted.

—Acabo de llegar de Ponce y allí no se habla sino de
usted. Hablan de unos navegantes que dejó usted en un
cayo,° y que fueron recogidos por un barco de guerra
norteamericano que persiguió a usted en vano hace algunos días. Pero se dice que van a seguir buscándolo sin
descanso por mar y por tierra hasta que quede atrapado.

—Ya me lo imagino. Pero hasta ahora no me han
cogido, ¿verdad?

—Algún día le cogerán, hijo mío— respondió el sacerdote con tristeza.—Pero, ¿por qué viene a visitarme?

—Para entregarle° estas joyas y este dinero. Son para
el cuidado de un niño a quien acabo de dejar con una
familia amiga. Sus padres murieron cuando apresamos°
ese barco del que oyó usted hablar en Ponce. Padre,

como a around

postiza false
se disfrazaba
 he was disguised

reñido con opposed
to

cayo islet

entregarle to deliver
to you

apresamos we
seized

¿acepta usted el encargo de velar° por ese niño?

velar to look after

—Mi deber es velar por los desgraciados. Y usted mismo debe arrepentirse de sus actos. Debe cambiar de vida.

—Ya es tarde, padre.— Y sin dejar continuar la conversación, el pirata se despidió y salió a la oscuridad de la noche. El padre José Antonio quedó reflexionando y comprendió que había alguna bondad en el corazón del joven tan tristemente célebre.

Dos días más tarde salió la *Ana* otra vez hacia el mar abierto desde su escondite entre los islotes del sur de Puerto Rico. Después de navegar un tiempo, se vio una vela. Al acercarse más, Cofresí exclamó, —¡La *Anguila*!

Cofresí reconoció el barco. Era parecido al suyo, sólo que más grande y mejor equipado. Pertenecía a un conocido suyo llamado Juan Pieretti. En un tiempo trató de comprarle el barco a Pieretti, mas éste se negó a vendérselo. Cofresí prometió quitárselo a la fuerza y ésta era su oportunidad. La *Anguila* huyó mar afuera perseguida por la *Ana*, pero luego empezó a disminuir su velocidad. Quedó sorprendido Cofresí por la aparente calma y despreocupación de parte de los tripulantes de la *Anguila*. No parecían estar armados y se veía Pieretti tranquilo en medio de ellos. Cofresí gritó, —¡Aquí me tienes, Juan Bautista, dispuesto a quitarte el barco!— y luego a sus propios hombres, —¡Listos para el abordaje!

Pero en eso la cubierta de la *Anguila* se llenó de repente de hombres armados que abrieron fuego con sus fusiles y, al mismo tiempo, se abrió una porta° revelando un cañón que, al disparar desde la corta distancia, mandó una bala que abrió un hueco° en el casco °de la *Ana* a flor de agua.° ¡La aparente huída de la *Anguila* había sido una trampa, pues estaba muy·bien armada! Los piratas contestaron el fuego con sus propios fusiles y su propio cañón. Pero no pudieron competir con el inmenso número de hombres contra quienes combatían, ya que la tripulación de la *Anguila* había sido escogida con el único fin de hacerle caza° a Cofresí, e incluía hombres entrenados° para la guerra, entre otros, algunos de la *Grampus*. Los que manejaban el cañón eran artilleros

porta gun port

hueco hole
casco hull
a flor de agua at water level

hacerle caza hunt down
entrenados trained

profesionales y mandaban una bala tras otra contra la línea de flotación° de la *Ana*. Pronto Cofresí se dio cuenta de que no podía ganar en aquella desigual lucha y trató de huir. Pero la *Ana*, severamente averiada° por el bombardeo, se hundía.° Sin embargo, pudo llegar más cerca de la costa donde los piratas se echaron al agua para salvarse. Algunos luego fueron capturados pero Cofresí y Ricardo, disfrazándose con los ramos° de plantas acuáticas, llegaron a la orilla y luego descansaron un tiempo en un bosque. Luego, después de buscar alimento en una tienda, se separaron, pues Ricardo, como era menos conocido, esperaba procurarles caballos para los dos. Sin embargo, antes que pudiera regresar Ricardo, Cofresí fue descubierto por una de las muchas patrullas que lo buscaban. Intentó oponer resistencia pero fue herido y así pudo ser capturado.

Luego de curarse algo las heridas, Cofresí fue conducido a San Juan por una escolta° militar de 25 hombres. Fue inútil un intento de Ricardo de rescatar° a su amigo y pagó con su vida. La bala de uno de los soldados le atravesó el corazón.

Por distintos caminos llegaron a San Juan los piratas prisioneros. Fueron juzgados Cofresí y diez compañeros suyos en consejo de guerra y condenados a muerte. El padre José Antonio también llegó a San Juan para acompañar a los piratas en sus últimos momentos e iba junto a ellos cuando caminaban hacia el lugar de ejecución. Poco antes de llegar a este lugar, caminaban por una parte por donde se veía el mar.

El padre le dijo a Cofresí: —¿Ves aquella nave? En ella va el niño cuya vida salvaste. Hace dos días lo entregué a uno de sus parientes que vino a buscarlo.

Cofresí contempló el mar por última vez. Allá lejos, vio cómo la nave hendía° las olas suavemente.

Roberto Cofresí, junto con diez compañeros suyos, fue pasado por las armas° el 27 de marzo de 1825.

línea de flotación water line

averiada damaged

se hundía was sinking

ramos branches

escolta escort

rescatar to rescue

hendía cut through

pasado por las armas executed

Ejercicios (segunda parte)

A.   Conteste con una oración completa.

1.   ¿Cómo se disfrazaba el hombre que llamó a la puerta?
2.   ¿Quién contestó?
3.   ¿De dónde acababa de llegar?
4.   ¿Qué le entregó Cofresí al sacerdote?
5.   Según el sacerdote, ¿qué debía hacer Cofresí?
6.   ¿Qué contestó Cofresí?
7.   ¿A quién pertenecía la *Anguila?*
8.   ¿Quiénes iban a bordo de la *Anguila*?
9.   ¿Qué pasó con la *Ana*?
10.   ¿Qué hicieron los piratas para salvarse?
11.   ¿Quién no fue capturado?
12.   ¿Dónde fueron juzgados los piratas?
13.   ¿Quién acompañó a los piratas en sus últimos momentos?
14.   ¿Qué vio Cofresí cuando contempló el mar por última vez?
15.   ¿Cuándo fue pasado por las armas?

B.   ¿Son ciertas o falsas las siguientes oraciones? Si son falsas, cámbielas de manera que queden correctas.

1.   Ricardo era el nombre de Cofresí.
2.   Cofresí llevó el niño a Yauco.
3.   El barco danés se llamaba la *Grampus*.
4.   El sacerdote se llamaba José Antonio.
5.   Cofresí fusiló a los amotinados.
6.   La *Anguila* era propiedad de Pieretti.
7.   Cofresí fue capturado en el mar.
8.   José Antonio acompañó a Cofresí en sus últimos momentos.
9.   Cofresí fue fusilado.
10.   Ricardo logró sobrevivir.

C.   Identifique:

Juan Bautista   Ricardo   Ana
Alejandro Tapia   Grampus

D. Sustituya las palabras subrayadas con sinónimos de la siguiente lista.

pensar	cogido	amigo
conseguir	echado	barcos
combatir	llevado	después
huir		

1. Trató de escaparse.
2. No me han atrapado todavía.
3. Luego de curarse las heridas, fue conducido a San Juan.
4. Se puso a reflexionar sobre el problema.
5. No pudo luchar contra la *Grampus*.
6. Hay dos naves en el puerto.
7. Esperaba procurar caballos.
8. Se han lanzado al agua para salvarse.
9. Ricardo fue compañero de Cofresí.

E. Tema para discusión en clase o para composición escrita:

Un análisis del carácter de Cofresí.

> Cuando recibí el papel
> en que tú no me querías,
> hasta la perra de casa
> me miraba y se reía.

Carabalí (1830)

Ya sabemos que los indios se escaparon del trabajo forzado impuesto por los españoles o murieron como resultado del mismo. Para suplir a estos indios, a principios del siglo XVI, empezaron a introducirse en Puerto Rico esclavos negros. La trata de esclavos fue un lucrativo negocio por más de dos siglos y hubo esclavos negros en Puerto Rico durante más de 300 años. Se utilizaron mucho en el cultivo de la caña de azúcar, el principal producto agrícola del país. Por fin, el 22 de marzo de 1873, se abolió la esclavitud. El 22 de marzo se celebra en Puerto Rico como fiesta oficial con este motivo.

Hay evidencia de que la ley fue muy severa durante la época de la esclavitud, no sólo con los negros esclavos, sino también con los libertados. Aún éstos gozaron de pocos derechos.

Una de las leyendas más famosas de Coll y Toste, la cual nos ha servido de base para el siguiente relato, cuenta como uno de estos esclavos no quiso aceptar su destino.

Los trabajadores de la hacienda San Blas, situada en un valle entre las montañas al sur de Arecibo, estaban alborotados.° Carabalí, el esclavo rebelde, se había escapado por tercera vez. —Aliste° a los perros y a los hombres que necesitemos para la persecución inmediatamente— le dijo el mayoral al capataz. —¡Hay que matar a ese negro! ¡Su muerte servirá de escarmiento° a los demás!

Así, temprano por la mañana de un día claro, hombres y perros de la gran hacienda San Blas se pusieron en camino para perseguir al hombre que prefería morir libre que vivir esclavo. Y en ese mismo momento, en una cueva en lo alto de° las montañas, Carabalí esperaba a

alborotados excited

aliste get ready

servirá de escarmiento will teach a lesson

en lo alto de high up in

sus perseguidores. Se había escapado la noche anterior, una noche fría de neblina y lluvia. Con grandes dificultades, había subido una montaña y había llegado a una cueva que conocía por una escapada anterior. Rendido de cansancio,° había dormido al llegar a la cueva. Como sabía que no tardarían en llegar sus perseguidores, se había levantado temprano para preparar su defensa.

    Con un machete que había robado de la hacienda, cortó una cantidad de ramos° para tapar° la entrada de la cueva. Después construyó con éstos una barricada, dejando tan sólo un pequeño hueco por donde entraban luz y aire. Y comiendo frutas silvestres, se sentó a esperar a sus perseguidores. No tuvo que esperar mucho. Pronto los ladridos° de los perros le avisaron° que se acercaban.

    Los ladridos se oían más cerca. De repente se dio cuenta de que uno de los perros ya estaba a la entrada de la cueva. El perro se puso a escarbar° y pronto abrió un hueco más grande por donde pudo meter una pata y toda la cabeza. Carabalí le descargó un tremendo machetazo que le cercenó el cuello,° y después volvió a arreglar la barricada. De la misma manera pudo matar dos perros más. Pero con el tercero erró el golpe y el perro, herido, corrió ladrando hasta los hombres que ya estaban cerca de la cueva.

    Los hombres dispararon sus fusiles, obligando a Carabalí a refugiarse en el interior de la cueva. Y al llegar a la entrada de la cueva, deshicieron la barricada **permitiendo entrar a los perros y atacar en tropel°** al fugitivo. Como no **podían ver dentro de la cueva, los** hombres esperaron fuera a que los perros agarraran° al infortunado esclavo. Carabalí, resuelto a luchar hasta agotar° sus fuerzas, retrocedía defendiéndose a machetazos.° Pero de repente sintió que le faltaba tierra bajo sus pies y se cayó en un profundo abismo. Los perros ladraban frustrados al borde del abismo. A tientas,° entraron los hombres en la cueva para averiguar lo que había pasado. Luego, creyendo muerto a Carabalí, se fueron, llevándose a los perros que habían sobrevivido los machetazos del africano.

    Mas la suerte, tan adversa a veces, ahora le sonreía. Se había caído en un fango° blando dentro de un arroyo subterráneo y no estaba herido. Pudo ver otra entrada de la cueva por donde salía el agua del arroyo.° Y sin buscar

rendido de cansancio completely exhausted

ramos branches
tapar to cover

ladridos barks
avisaron warned

escarbar to scrape, dig

le cercenó el cuello cut his head off

en tropel all at once

a que los perros agarraran for the dogs to grab
agotar to use up
a machetazos with machete blows

a tientas feeling their way along

fango mud

arroyo small stream

mucho, recuperó su machete. Al orientarse, se dio cuenta de que el arroyo salía por otro lado de la montaña hacia los terrenos de otra hacienda llamada San Antonio.

Acosado ° por el hambre, Carabalí bajaba por los terrenos del San Antonio para robar comida. Con el tiempo encontraba a otros esclavos desertores a quienes reunió en una cuadrilla,° enseñándoles el secreto de la cueva. Estos trabajaron para arreglar mejor su escondite. También tallaron° en la piedra una subida secreta que conducía a la parte superior de la cueva donde originalmente había entrado Carabalí, y desde donde se podía bajar a los terrenos del San Blas.

Desde aquel momento la cuadrilla de Carabalí prácticamente limitó sus incursiones a los terrenos de la hacienda San Blas. Desapareció el ganado, desaparecieron las aves, y un día se encontró muerto a un capataz. En vano se mandaron soldados a la cueva; no descubrieron el secreto de Carabalí.

Sólo encontraron huesos; los huesos de animales que Carabalí y los suyos habían comido. Pero para dar más importancia al asunto, contaban que había allí huesos humanos también. Pronto empezaba a llamarse *La Cueva de los Muertos*. Y con tal nombre, la cueva empezó a inspirar un miedo supersticioso.

No encontrando una explicación natural a lo que pasaba, la gente creó una explicación sobrenatural. Decían que se trataba del alma en pena° de Carabalí junto con un grupo de espíritus malignos que salían a vengarse de los dueños y capataces del San Blas.

Carabalí mismo nunca hizo nada para corregir esta impresión equivocada.

Creía que convenía que los blancos fuesen° a veces víctimas de sus propias supersticiones.

acosado pursued

cuadrilla troop

tallaron carved

alma en pena
condemned soul

convenía...fuesen
it was a good idea for
white people to be

Ejercicios

A. Preguntas orales para medir comprensión:

1. ¿Durante cuánto tiempo hubo esclavos negros en Puerto Rico?
2. ¿Para qué los utilizaron?

3. ¿Cuándo se abolió la esclavitud en Puerto Rico?
4. ¿Dónde trabajaba Carabalí?
5. ¿Cuántas veces se había escapado?
6. ¿En dónde se escondió Carabalí?
7. ¿Cómo arregló la entrada?
8. ¿Cómo supo Carabalí que estaban cerca sus perseguidores?
9. ¿Cómo se defendió contra los perros?
10. ¿Por qué no entraron en la cueva los hombres?
11. ¿En qué se cayó Carabalí?
12. ¿De quiénes se formó la cuadrilla de Carabalí?
13. ¿Qué encontraron los soldados en la cueva?
14. ¿Cómo explicaba la gente las incursiones de Carabalí?
15. ¿Qué hizo Carabalí para corregir esta impresión?

B. Añada la palabra más apropiada para terminar las siguientes oraciones.

1. Carabalí se escapó de la hacienda _____.
2. Se refugió en una _____ en lo alto de las montañas.
3. Durmió poco porque sabía que no tardarían en llegar sus _____.
4. Cortó los ramos con un _____.
5. Pronto oyó los _____ de los perros.
6. Mató al primer perro descargándole un _____.
7. La única arma que tenía Carabalí era su machete; en cambio, los hombres tenían _____.
8. Carabalí no se hirió cuando _____.
9. Los hombres creyeron que Carabalí estaba _____.
10. Carabalí descubrió que el arroyo salía hacia los terrenos de otra _____.
11. Buscó comida en los terrenos del _____.
12. Enseñó a otros _____ el secreto de la cueva.
13. Juntos tallaron en la piedra una _____ secreta.
14. Se mandaron _____ a investigar.
15. La gente creó una explicación _____.

C. Sustituya las palabras subrayadas con sinónimos de la siguiente lista. Es posible usar una palabra o frase de la lista más de una vez.

contaban	preparar	escapada
dejaron saber	tapar	muy cansado
pelear	ejemplo	más alta

1. Su muerte servirá de escarmiento a los demás.
2. Carabalí estaba agotado.
3. Los ladridos le avisaron que se acercaban sus perseguidores.
4. Se levantó temprano para arreglar su defensa.
5. Conocía la cueva por una fuga anterior.
6. Se puso a cubrir la entrada.
7. Carabalí estaba resuelto a luchar.
8. La subida conducía a la parte superior de la cueva.
9. Los soldados informaron lo que encontraron.
10. Decían que había huesos humanos allí.

D. Tema para discusión en clase o para composición escrita:

Comparación entre la vida de los esclavos en Puerto Rico y en los Estados Unidos.

No te enamores, niña,
de hombre que andando,
dinero en el bolsillo
le va sonando.

Lola de América (1858)   9

Yo no me siento nunca extranjera:
En todas partes hogar y abrigo
Amplio me ofrece la azul esfera;
Siempre mis sienes un seno amigo
Hallan en una u otra ribera,
Porque la PATRIA llevo conmigo.

Lola Rodríguez de Tió

Como acaba de pasar el "año internacional de la mujer"
(1975), conviene recordar que Puerto Rico ha dado al mundo
destacadas° mujeres, y que la mujer juega un papel° impor-
tante en la vida social y política de la Isla. Ejemplos son Doña
Felisa Rincón de Gautier, alcaldesa de San Juan durante
muchos años; Celeste Benítez de Aponte, secretaria del De-
partamento de Instrucción Pública desde 1972 hasta 1974;
Marisol Malaret, ganadora del concurso de Miss Universe *en*
1970; y Wilnelia Merced Cruz, elegida Miss World *en 1975.*
En el campo de la literatura, se destacan las poetisas Clara
Lair y Julia de Burgos, y la novelista, Marigloria Palma.

destacadas
outstanding
juega un papel plays
a part

Pero antes de todas éstas, hubo una mujer que hizo su pro-
pio movimiento de liberación femenina, destacándose como
poetisa, como valerosa luchadora por las libertades políticas,
como fiel y amante esposa, y hasta como conquilióloga°
(acumuló una magnífica colección de caracoles a la vez que un
gran conocimiento de ellos).

conquilióloga
seashell collector

Compuso la primera letra° de La Borinqueña, una melodía
popular de origen incierto, que por esta razón se convirtió en
himno nacional de Puerto Rico, aunque la letra que se canta
hoy es distinta.

letra words of a song

Cuando pronunció el discurso de graduación de un colegio
de Mayagüez en 1873 (el mismo año de la abolición de la

esclavitud), se distinguió por ser la primera mujer en expresarse ante un auditorio público en Puerto Rico.

Por las actividades de su esposo, conocido periodista y político de la época, tuvo que vivir mucho tiempo en el destierro en Venezuela, en Cuba y en Nueva York.

Gracias a su intervención con el gobernador español de la Isla, logró la libertad de 16 presos políticos en el 1887.

El diseño de la bandera puertorriqueña actual se debe, en gran parte, a las sugerencias de ella.

Abandonó la escuela a los diez años de edad pero su hija, Patria, fue la primera mujer puertorriqueña en obtener el grado de doctorado.

Ésta fue Lola Rodríguez de Tió, afectuosamente conocida como "Lola de América," nacida en San Germán el 14 de septiembre de 1843 de una de las principales familias de la ciudad. Presentamos aquí una anécdota que muestra claramente el carácter de esta gran mujer.[1]

—¡**A**y quién tuviera° esa cabellera tuya, y quién tuviera un novio tan guapo!

quién tuviera I wish I had

Lola no dejó de sentir la nota burlona en la voz de su hermana mayor. Iba a decir algo pero se contuvo. Se limitó a seguir peinando la lustrosa cabellera, sentada en compañía de sus hermanas y de su madre en el fresco balcón de la espaciosa casa de San Germán.

—¿Pero es que Lola ya tiene novio?— preguntó la mamá, con una sonrisa que no disimulaba cierto sentimiento de molestia.

—¡Pero cómo no, mamá!— contestó Aurora, la hermana mayor. —¿Sabes que anda loca por ese joven que acaba de volver de Europa que se llama Bonocio Tió Segarra? El otro día cuando caminábamos por la calle, lo vimos. ¡Lola se le quedó mirando con unos ojos!° Y luego me dijo que él sería su novio y su marido. Tengo que reconocer que no eligió ínal. Es el mejor partido° del pueblo. Claro que lo único que falta ahora° es que él la elija a ella— añadió con picardía.

¡Lola...ojos! You should have seen the way Lola looked at him!
partido choice
lo único que falta ahora all that's needed now

---

[1] The source of much of the information about Lola Rodríguez de Tió is *Lola de América* by Carmen Leila Cuevas. This author is an outstanding woman in her own right, having taken an active part in literary, social and civic affairs in Puerto Rico.

—¡Verás que sí! ¡Verás que ese hombre sí será mi marido!— contestó Lola con energía y enojo.

—¡Basta ya! Lola, esas actitudes no se ven bien en una jovencita de tu edad. Y tienes que dejar esas coqueterías. Y si no, vamos a mandar cortar ese pelo que te encanta tanto lucir—° regañó° la mamá, ya francamente irritada.

lucir to display

regañó scolded

Lola no dijo nada. Se quedó pensando un rato y luego tranquilamente se levantó y entró en la casa.

Un rato más tarde, entró en la barbería que frecuentaba su padre. Pidió al peluquero que cortara la cabellera que había causado el regaño maternal. Este, asustado ante una petición tan inesperada, se negó a actuar. En esto,° llegó el padre de la muchacha y enterado del asunto, le preguntó a ésta el porqué de° una decisión tan drástica y absurda. Afirmó que no tenía la menor intención de consentírsela.

en esto at this point

el porqué de the reason for

—Mamá me lo mandó cortar para castigarme. Dice que así pondrá fin a mis coqueterías— contestó Lola.

El padre vaciló. La petición parecía absurda pero, sin duda, la madre tenía sus razones. No quería llevarle la contraria a su esposa por cuyas venas corría la sangre del gran conquistador[2] y así, con temblorosa voz, le dijo al barbero que podía cumplir lo que Lola pedía. Perplejo pero obediente, el barbero cortó la abundante cabellera que había sido el gran adorno natural de Lola.

Este acto no tardó en tener consecuencias graves. La sociedad de la época no aceptaba fácilmente un cambio tan radical en las costumbres y comentaba escandalizada el asunto. La madre, avergonzada del resultado de su desafortunado regaño, afirmó que su intención había sido sólamente la de corregir a la niña, y que ésta, dominada por sus propios impulsos, llevaba las cosas demasiado lejos. Ahora sí merecía° un castigo de verdad. Así, la encerraron en su habitación por varios días, en parte por castigo, y en parte para que no se viera ° por las calles con ese horrible pelo tan corto.

merecía deserved

para que no se viera so that she wouldn't be seen

Pero el castigo no podía durar para siempre. Y una circunstancia vino en auxilio de Lola. El joven que tanto

---

[2] Lola's mother was a descendant of Ponce de León.

le interesaba llegaba a hacerse amigo de la familia, y oportunamente les invitó a todos a una fiesta. Se levantó la penitencia de la niña, de manera que ésta pudo platicar con el dueño de sus amores.

—Pero, ¿por qué te cortaste el pelo, Lola?

—Por usted. Mis hermanas le dijeron a mi mamá que estaba enamorada de usted, y mamá me amenazó° con cortarme el pelo. Entonces me lo mandé cortar yo misma.

amenazó threatened

—Pero, ¿es verdad eso? Digo, ¿es verdad que estás enamorada de mí?

—Sí, he dicho que si me caso será con usted.

Bonocio no podía menos que sentir° un gran afecto por esta niña voluntariosa que tanto sacrificara en aras de° su amor por él. Así, no pasó mucho tiempo antes que formalizaran relaciones y se casaron poco tiempo después, aunque ella era apenas una adolescente y él le llevaba unos diez años.°

no podía...sentir could not help feeling
tanto...aras de had sacrificed so much in defense of
le llevaba unos diez años was about ten years older

Pasaron una feliz e inolvidable luna de miel en Paris y a través de una accidentada vida fueron compañeros inseparables, hasta que él murió en 1905.

¿Y el pelo de Lola? Pues nunca volvió a dejarlo crecer. Parece que quedó encantada con lo cómodo y lo conveniente que era llevarlo corto, y el bueno de° Bonocio, recordando el origen de la costumbre, consentía satisfecho este capricho de su esposa.

el bueno de Bonocio like a good fellow

Y para terminar, copiamos aquí una bella poesía que en memoria de su esposo, dedica a un familiar político, al final de su vida:

Paisajito de otoño
—A Alberto Malaret y Tió

Paisajito de Otoño, melancólico y suave
que tienes la belleza de una puesta de Sol,
y el oro del ensueño, y el azul infinito
de ese Cielo del alma que se llama el Amor.

Paisajito de Otoño silencioso y dormido
bañado en los reflejos de la luz vesperal
déjame que te cante, déjame que suspire
con la misma tristeza, con que solloza el mar.

Tú tienes el encanto, tú tienes la ternura
de todo lo que sueña mi amante corazón;
tú evocas el recuerdo de todo lo perdido
y haces sentir la pena de un intenso dolor.

Lola Rodríguez de Tió

Ejercicios

A. Conteste con una oración completa.

1. ¿Cómo se llamaba la hermana mayor de Lola?
2. ¿Cómo se llamaba el joven que le gustaba a Lola?
3. ¿De dónde venía él?
4. ¿Por qué quería la mamá cortarle el pelo a Lola?
5. ¿Qué le pidió Lola al peluquero?
6. ¿Por qué se negó el peluquero?
7. ¿Quién llegó a la barbería?
8. ¿Cómo le pareció la petición al padre?
9. ¿Por qué le dijo al barbero que podía cumplir lo que Lola pedía?
10. ¿Cómo se sentía la madre al ver el resultado de su regaño?
11. ¿Por qué encerraron a Lola en su habitación?
12. ¿Qué circunstancia vino en auxilio de Lola?
13. ¿Quién llegaba a hacerse amigo de la familia?
14. ¿Qué sentía Bonocio hacia Lola?
15. ¿Cuánto tiempo pasó antes que formalizaran relaciones?
16. ¿Cuántos años le llevaba Bonocio a Lola?
17. ¿Dónde pasaron su luna de miel?
18. ¿Cuándo murió él?
19. ¿Por qué Lola no volvió a dejarse crecer el pelo?
20. ¿Por qué consentía Bonocio este capricho de su esposa?

B. Añada la palabra más apropiada para terminar las siguientes oraciones.

1. Lola se dio cuenta de la nota _____ en la voz de su hermana.
2. Ella siguió peinándose la _____ cabellera.
3. Aurora tenía que _____ que Lola no había elegido mal.
4. Las _____ de Lola no se veían bien en una jovencita de su edad.
5. La mamá quería que Lola dejara sus _____.
6. Lola entró en la _____ que frecuentaba su padre.

7. El padre vaciló pues la _____ parecía absurda.
8. El barbero estaba _____ pero obedeció.
9. La sociedad comentaba _____ el asunto.
10. Una _____ vino en auxilio de Lola.
11. Lola pudo _____ con el dueño de sus amores.
12. Muy pronto Lola y Bonocio _____ relaciones.
13. Su luna de miel fue feliz e _____.
14. Una _____ vida los hizo compañeros inseparables.
15. Bonocio aceptaba el _____ de su esposa.

C. **Sustituya las palabras subrayadas con sinónimos de la siguiente lista. Hay que cambiar los verbos, nombres y adjetivos a la forma apropiada.**

elegir	seguir	energía
asustar	conseguir	famoso
anunciar	encantar	tranquilamente
expresarse		

1. Son mujeres destacadas.
2. Avisaron que iban a tener una fiesta.
3. Ella obtuvo el grado de doctorado.
4. Habló ante un auditorio público.
5. Lo dijo con mucha fuerza.
6. Él no la ha escogido.
7. Le gusta mucho lucir el pelo.
8. Estaba aterrada.
9. Ella continuó mirándolo.
10. Se levantó con calma.

D. **Escriba oraciones completas sobre cuatro cosas extraordinarias que hizo Lola.**

E. **Tema para discusión en clase o para composición escrita:**

¿Sería Lola un buen miembro de un grupo de liberación femenina hoy día? ¿Por qué? (o ¿por qué no?)

Si me quieres te advierto
que soy celosa
y en algunos asuntos
escrupulosa.

Elena de la Santa Montaña (1900)   10

*La escena de esta leyenda es un pueblo en el sureste de Puerto
Rico entre las montañas. Se cuenta que Elena llegó a San
Lorenzo después de un temporal.[1] Los temporales y los
huracanes han sido motivo de grandes preocupaciones de los
habitantes de Puerto Rico desde los tiempos de los taínos
hasta nuestros días, y algunas de estas tempestades tropicales
han causado grandes estragos.° Aunque no llegó a tener*   **estragos** damage
*fuerza de huracán, la tempestad tropical Eloisa causó pér-
didas por millones de dólares en septiembre de 1975 y dejó a
miles de personas sin hogar por las inundaciones que provocó.
(Las tempestades tropicales siempre se identifican con nombre
de mujer y en orden alfabético.)*

*Debemos muchos de los datos acerca de Elena a la maestra
de San Lorenzo, Carmen Julia Vázquez de Santiago. Ella dice
al preparar su relato sobre Elena que ella cuenta "como se lo
narraron a varios campesinos de tierra adentro; ellos me lo
contaron a mí y yo se lo cuento a ustedes. Ustedes lo contarán
a otros."*

Y eso es precisamente lo que estamos haciendo.

¿Quién era Elena realmente?

Apareció por primera vez en San Lorenzo alrededor
del año 1900, a raíz de° un temporal. Ayudó a los dam-   **a raíz de** immediately after
nificados y luego se retiró a vivir sola en una montaña.
Pero esto no quiere decir que dejó de tratar a la gente.
Por lo contrario, reunía a las niñas para formar un coro y

---

[1] *Temporal*: a tropical storm lacking hurricane force, but which nevertheless can cause great damage

reunía a los mayores para escuchar sus problemas y para darles consejos. Y hasta reunía a los animales. Una vez reunió a todos los perros del barrio y les sirvió una comida como si fueran personas. Y todos comieron juntos, portándose° como personas bien educadas.

portándose behaving themselves

Elena era bonita, alta y delgada. Tenía el pelo largo y usaba un traje largo con manga larga y cuello subido. Algunos dicen que se alimentaba sólo de naranjas agrias y de limones, pero no por eso le faltaba fuerza. Cuando hablaba desde su "tribunita de la santa montaña," su voz penetrante se oía por todos los alrededores. Y a veces bajaba al pueblo. Dondequiera que iba, la acompañaban las niñas y la gente sencilla que la querían. La llamaban afectuosamente "nuestra madre."

Una vez que bajó al pueblo, Juancho, el guapetón° del barrio, se puso a mofarse de° ella.

guapetón tough guy
mofarse de to make fun of

—Ahí va la bruja con sus brujitos detrás. Allá esos imbéciles que todo lo creen. ¡A mí no me coge de bobo!

Elena no dijo nada. Siguió su camino, pidiendo a Dios que perdonara a Juancho. Y cuando nuevamente Juancho vio a Elena, se arrodilló delante de ella para pedirle perdón. Su rancho ardía en llamas. Y Juancho entendió esto como un castigo de Dios.

Los campesinos a veces la cargaban en los hombros. Una vez llegaron a un río y uno de ellos exclamó:

—Nuestra madre, no lo podemos cruzar.

—Yo creo que sí. Por aquí mismo.

Descubrieron que al pasar por el sitio indicado el agua apenas les mojaba° los pies.

mojaba got wet

Pero, ¿de dónde vino Elena? Los humildes campesinos de San Lorenzo nunca lo supieron con seguridad. Algunos dijeron que apareció de la nada. Otros dijeron que caminó sobre las alas del mar desde un sitio lejano hasta la Isla. La versión menos fantástica es que pertenecía a un grupo de monjas° españolas que vivían en San Juan cuando llegaron los americanos. En ese momento la comunidad religiosa se disolvió y las monjas se dedicaron a hacer buenas obras en distintas partes de la Isla.

monjas nuns

Una anciana recuerda que Elena era también profeta. Entre sus profecías se recuerda lo siguiente:

—Llegará el día en que la gente vuele por el aire.

—Caminarán los hombres por la tierra más ligero° que las bestias.

ligero swiftly

—Deben tener terror cuando pase una carretera por la montaña.

—Veremos el agua sonar en los ríos y no la podremos tomar.

(Podemos suponer que Elena no tendría una opinión muy favorable de la nueva carretera de cuatro carriles° que cruza las montañas de San Juan a Ponce. ¿Será ésa la carretera a la cual se refiere? Y tenemos que aceptar que las fábricas han contaminado los ríos en muchos sitios.)

carretera de cuatro carriles four-lane highway

Le encantaba la música. No sólo formó un coro con las niñas del barrio, sino que también tocaba el cuatro.[2] Tocaba música celestial según afirman los viejos campesinos de los alrededores.

Una noche se encerró en su choza y no se volvió a ver. Algunas personas que se acercaron a la choza al otro día dijeron que encontraron sangre. Lo cierto es que nunca se explicó cómo ocurrió su muerte, ni se sabe dónde está enterrada.

Pero todavía los campesinos de aquellos lugares cuidan el sitio donde vivía. Erigieron una rústica capilla en su memoria que aún permanece. Y una vez al año durante la Semana Santa, un sacerdote del pueblo de San Lorenzo ofrece una misa allí. No ha sido canonizada,[3] y por eso sería tal vez incorrecto decirle "santa." Pero los campesinos que han mantenido viva la tradición y para quienes era "Nuestra Madre" no dudan en llamarla también "Santa Elena."

Ejercicios

A. Conteste con una oración completa.

1. ¿Cuándo apareció Elena por primera vez en San Lorenzo?

---

[2] *Cuatro:* A typical Puerto Rican musical instrument similar to the guitar
[3] Canonized: that is, officially recognized as a saint by the Roman Catholic Church

2. ¿De dónde venía?
3. ¿Qué hizo cuando llegó?
4. ¿Qué pasó cuando reunió a todos los perros?
5. ¿Qué comía Elena?
6. ¿Cómo la llamaba la gente de San Lorenzo?
7. ¿Quiénes la acompañaban siempre?
8. ¿Quién se mofó de ella?
9. ¿Cómo le contestó Elena?
10. ¿Quiénes hicieron buenas obras en diferentes partes de la Isla?
11. Según Elena, ¿cuándo debemos tener terror?
12. ¿Qué pasará a los ríos?
13. ¿Cómo demostró Elena que le gustaba la música?
14. ¿Cómo ocurrió su muerte?
15. ¿Qué hicieron los campesinos de aquellos lugares?

B. Añada la palabra más apropiada para terminar las siguientes oraciones.

1. Las _____ tropicales han sido motivo de preocupaciones.
2. Algunos huracanes han causado grandes _____.
3. Reunía a las niñas para formar un _____.
4. Elena era alta y _____.
5. Juancho era el _____ del barrio.
6. Los campesinos la _____ en los hombros.
7. Pasaron por el sitio que _____ Elena.
8. Elena _____ a un grupo de monjas españolas.
9. Elena era también _____.
10. No tendría una opinión muy favorable de la nueva _____.
11. Los campesinos afirman que tocaba música _____.
12. Las _____ han contaminado los ríos.
13. Se _____ en la choza.
14. El sacerdote _____ una misa allí.
15. Elena no ha sido _____.

C. Sustituya las palabras subrayadas con sinónimos de la siguiente lista. Hay que cambiar los verbos, nombres y adjetivos a la forma apropiada.

fascinar	provocar	pero
erigir	usar	anciana
disolverse	todavía	preocupación
sobre		

1. Ha sido motivo de <u>inquietudes</u>.
2. <u>Vestía</u> de un traje largo.
3. No tenemos muchos datos <u>acerca de</u> Elena.
4. La comunidad religiosa <u>dejó de</u> existir.
5. La <u>viejita</u> recuerda que Elena era profeta.
6. La tempestad <u>causó</u> inundaciones.
7. Comía poco, <u>mas</u> no por eso le faltaba fuerza.
8. Le <u>encanta</u> la música.
9. <u>Construyeron</u> una capilla en su memoria.
10. El sacerdote <u>aún</u> ofrece una misa allí.

D. **Temas para discusión en clase o para composiciones escritas:**

1. Una comparación entre Lola y Elena
2. La actitud de Juancho: ¿Cómo se explica su agresividad inicial?

E. **Adivinanza**

Una dama muy delgada
y de palidez mortal
que se alegra y se reanima
cuando la van a quemar.

(la vela)

Cantando olvido mis penas
mientras voy hacia la mar;
las penas van y vuelven
mas yo no vuelvo jamás.

Esperanza (1910)

En Puerto Rico hay una actitud ambigua° acera de los perros. Por una parte, mucha gente los quiere mucho, y en muchas partes son muy bien recibidos. Pero la gente también les tiene miedo, un miedo a veces exagerado. Y el origen de esto se encuentra en que los españoles muchas veces usaron perros para perseguir a los indios. Uno de los relatos de Coll y Toste trata del más famoso de estos perros, que se llamaba Becerrillo.Este feroz y valiente perro por fin murió defendiendo a su amo en un ataque de los caribes.

ambigua *ambiguous, inconsistent*

En una playa de la ciudad de San Juan un perro de piedra mira hacia el mar. Y las dos leyendas que se han formado en torno a esta vieja estatua revelan muy bien la actitud ambigua que mencionamos. En una de estas leyendas, un taíno perseguido por un perro de los españoles implora a Yucajú que lo salve. En ese mismo instante el perro se convierte en piedra. La otra leyenda es la que vamos a narrar aquí.

Se dice que el perro es el mejor amigo del hombre, y muchas historias lo comprueban. Y ninguna es más elocuente del° afecto y la lealtad que sienten estas nobles bestias por sus amos que la presente.

ninguna...del *none speaks more highly of the*

Allá para la época en que la industrialización y el progreso económico no habían llegado a la Isla, muchos de los humildes pescaban para ganarse la vida. Todos los días antes de salir el sol salían en sus remendados botes a probar suerte en el mar. Para aquellos pobres pescadores no existían vacaciones, ni domingos, ni días feriados (excepto el Viernes Santo: ese día era sagrado y nadie salía a pescar).

Uno de estos pescadores llamado Miguel vivía en una

choza en un arrabal° de San Juan. Prefería salir en su bote por un punto de la costa norte que está situado frente al puente que une al Condado con San Juan. Nadie más usaba ese lugar por ser considerado peligroso.° Las olas batían con fuerza sobre los peñascos° que rodean la playa. Al valiente Miguel le gustaba ese punto porque había muchos peces y además podía disfrutar de paz y tranquilidad. Le gustaba estar solo para pensar en su amada Aurelia, la esposa fallecida. Al morir, ella le había dejado como consuelo a su soledad un fiel perro. El animal lo acompañaba todas las mañanas a la playa y lo esperaba alegremente allí todas las tardes cuando él regresaba en su bote. Miguel conversaba con el animal, su único amigo.

—Hoy era un día bueno; había mucha pesca.

El animal parecía entenderle y se mostraba contento, lamiendo° a su amo.

—Hoy no pesqué nada.

—No había mucha pesca; sólo traje estas sardinitas.

Y así sucedía a diario: el hombre y la bestia se comprendían y compartían la vida.

De noche el animal dormía al lado del camastro del amo, vigilando y cuidando.

—Estoy enfermo, amigo. Me duele la cabeza y tengo calentura— le dijo un día Miguel al regresar. El perro se sintió triste. Siguió al amo hasta la choza donde, al llegar, se tiró en el camastro. Pasó la noche delirando por la fiebre. El perro no se despegó ni un momento de su lado,° le lamía las manos y la frente en un intento por refrescarlo del calor febril. Así estuvo dos días. Y durante ese tiempo el perro no lo abandonó ni para comer.

Al tercer día la fiebre cedió y Miguel fue recuperando poco a poco hasta que todo volvió a la normalidad.

Un día varios meses más tarde, el mar amaneció muy borrascoso.° El cielo estaba nublado y soplaba una brisa fuerte. Parecía indicar tormenta. Miguel sabía que no era un buen día para salir al mar. Pero pensó que si no pescaba no comerían ni él ni el perro. Sus provisiones se habían terminado el día anterior, los peces no habían picado,° y no había conseguido dinero. Tenía que

arrabal suburb

por ser considerado peligroso because it was considered dangerous

peñascos cliffs

lamiendo licking

no se despegó... lado never left his side

el mar...borrascoso the day dawned with a stormy sea

los peces no habían picado the fish hadn't bitten

trabajar; además él era valiente y hábil con el bote.

El perro se mostraba inquieto.

—No te preocupes, amigo. Regresaré tan pronto pesque lo suficiente para que podamos comer— le dijo Miguel tratando de calmar al preocupado animal.

El perro miraba desde la orilla como el amo se alejaba en el mar. Allí permaneció hasta que el bote se perdió en la distancia. Se sentó en la playa a esperar el regreso. Estuvo todo el día mirando hacia el mismo punto en lontananza.° Se sentía triste. El mar se embravecía° más a medida que° se acercaba la tormenta. Ni la fuerte lluvia, ni el fuerte viento, ni el frío, ni el hambre lograron que el perro abandonara la playa. Esperaba a su amo, a su amigo. Esperó todo el día, toda la noche, todo el día siguiente. Nunca perdió la esperanza de volver a ver a su amo.

en lontananza far away
se embravecía was becoming stormy
a medida que as

Miguel no regresó; se quedó en el mar. El perro no abandonó la playa. Todavía puede verse sentado mirando al mar. La noche lo volvió° piedra.

lo volvió turned him into

Ejercicios

A. Conteste con una oración completa.

1. ¿A qué hora salían los pescadores?
2. ¿Cuál día era sagrado?
3. ¿Con quién salía Miguel a pescar?
4. ¿Por dónde le gustaba a Miguel salir al mar?
5. ¿Por qué le gustaba ese punto a Miguel?
6. ¿Cuántos pescadores usaban ese lugar?
7. ¿Adónde iba el perro todas las mañanas?
8. ¿Quién le esperaba a Miguel cuando regresaba del mar?
9. ¿Dónde dormía el perro?
10. ¿Qué enfermedad le dio a Miguel?
11. ¿Cuántos días estuvo enfermo?
12. Durante ese tiempo, ¿qué hizo el perro?
13. ¿Por qué salió Miguel un día de tormenta?
14. ¿Cómo se sentía el perro?
15. ¿Qué le pasó al perro cuando Miguel no regresó?

B. **Añada la palabra más apropiada para terminar las siguientes oraciones.**

1. Este relato sucedió en la ciudad de _____.
2. Miguel vivía en una _____.
3. Su esposa fallecida se llamaba _____.
4. Miguel era _____.
5. Hoy fue un día bueno porque había mucha _____.
6. El hombre y la bestia se _____.
7. El perro le _____ las manos y la frente.
8. Al tercer día la fiebre _____.
9. Todo volvió a la _____.
10. Si no pescara, no podrían _____.
11. Miguel trató de _____ al preocupado animal.
12. Miguel se quedó en el _____.
13. El perro no abandonó la _____.
14. No perdió la _____ de ver a su amo.
15. La noche lo convirtió en _____.

C. **Subraye las palabras que describen el perro.**

feroz	buen amigo	obediente
leal	inteligente	
salvaje	manso	

Subraye las palabras que describen a Miguel.

bondadoso	humilde	burlón
feliz	orgulloso	
rico	valiente	

D. **Sustituya las palabras subrayadas con sinónimos de la siguiente lista. Hay que cambiar los verbos, nombres y adjetivos a la forma apropiada. Es posible usar una palabra más de una vez.**

disfrutar	permanecer	despegar
morir	conversar	tempestad
volver	abandonar	fiebre

1. Se acercaba la <u>tormenta</u>.
2. Su esposa acaba de <u>fallecer</u>.

3.   Gozan de paz y tranquilidad.
4.   Tenía mucha calentura.
5.   La noche lo convirtió en piedra.
6.   El perro se quedó en la playa.
7.   El perro no lo dejó ni para comer.
8.   Miguel no regresó.
9.   Hablaba con el perro.
10. El perro no se separó de su lado.

E.   Tema para discusión en clase o para composición escrita:

La "actitud ambigua" acerca de los perros. ¿En cuáles otros relatos de este libro han aparecido perros? ¿Se presentan como amigos o enemigos?

Te quiero más que a mi vida,
más que a mi padre y mi madre,
y si no fuera pecado, más
que a la Virgen del Carmen.

Guayama, Ciudad Bruja 12 (1940)

Ya hemos dicho que Guayama se conoce como la Ciudad Bruja. El licenciado Adolfo Porrata-Doria, un guayamés de casi 80 años de edad que ha investigado a fondo la historia de su pueblo natal, escribe lo siguiente sobre el origen de esta etiqueta. Citamos directamente del libro de Porrata-Doria que lleva por título Guayama sus hombres y sus instituciones.

Estamos escribiendo este libro a los 75 años de edad. Hemos leído crónicas, documentos, periódicos, revistas y cuanta información que hemos podido localizar sobre nuestra ciudad y en ningún momento antes de la primera década del presente siglo hemos podido lograr dato alguno que tilde o identifique a ésta como la *Ciudad Bruja*. Desde hace más·de treinta años° hemos venido haciéndonos las siguientes preguntas: ¿Desde cuándo se ha venido llamando a Guayama °la "Ciudad Bruja" y por qué? Hemos hablado con buen número de personas nacidas aquí en la última mitad del siglo pasado y ninguna recuerda haber oído hablar de este onomástico aplicado a nuestro pueblo. Sí recuerdan que los hechiceros o llamados °curanderos de este lugar eran bien afamados y populares en toda esta jurisdicción.

Hasta donde° hemos podido averiguar, no fue hasta la década del 20 del presente siglo cuando el mote de "Ciudad Bruja" comenzó a tomar auge.° Nuestros equipos de beisbol lidiaban ° con otros de distintos pueblos. Cuando nos visitaban, la fanaticada de Guayama solía llevar al parque° algunas velas prendidas y hojas o

desde...años for more than 30 years

ha venido... Guayama has Guayama been called

llamados so called

hasta donde as far as

tomar auge become popular

lidiaban were competing

parque baseball park

matas de una planta leguminosa, que abunda en este litoral, llamada, por el vulgo, *bruja*. La idea era impresionar al adversario de nuestra influencia divina y, al mismo tiempo, rogar protección y amparo para el jugador local. Fuimos testigos° de estos espectáculos cuando las hojas o matas de *bruja* eran colgadas en los postes y alambres° del parque de pelota y se hacía alarde° del poder de éstas. Como esta planta generalmente se nutre de la humedad en el aire, se conserva viva por algún tiempo. Se amenazaba a los rivales con influencias hechiceras. Todo era un pasatiempo y hasta un ardid.° Que sepamos,° desde entonces, fue que surgió este apelativo aplicado a Guayama. Se ha pegado,° como etiqueta, al nativo de este pueblo y hoy la lleva con relativo orgullo.

Vamos a narrar un incidente que ocurrió allá para la temporada de beisbol de 1939-40. El equipo de Guayama jugaba con el de Ponce en nuestro parque. El lanzador° de los locales lo era el famoso y extraordinario Leroy (Satchel) Paige, gloria del beisbol americano. La pizarra marcaba seis a cero, a favor de Guayama en la quinta entrada.° Paige siempre era muy supersticioso y creía en las influencias espiritualistas. Se bañaba frecuentemente con plantas aromáticas y se hacía dar "pases."[1] Ese día estaba como en sus mejores tiempos. No le habían dado un solo "hit." Alguien de Ponce que conocía lo supersticioso que era él,° se le acercó al terminar la quinta entrada y, tras felicitarlo, le dijo que parado° cerca del cajón del lanzador° había estado viendo al difunto *Moncho el Brujo*[2] cuando Paige hacía sus lanzamientos. Paige se quedó mudo; no pronunció palabra alguna, ni hizo gesto alguno. Se metió en el cuarto de las duchas,° se vistió y se fue para su casa. No hubo medios de hacerle variar de actitud. No daba razones. Sólo decía que no quería continuar jugando. Guayama perdió el juego.

testigos witnesses

alambres wires
se hacía alarde there was bragging about

ardid trickery
que sepamos as far as we know
se ha pegado it has stuck

lanzador pitcher

entrada inning

lo supersticioso...el how superstitious he was
parado standing
cajón del lanzador pitcher's box

duchas shower

---

[1] *Se hacía dar "pases"*: a massage with special movements designed to ward off evil spirits

[2] *Moncho el Brujo*: an outstanding semi-professional baseball player who had played on the Guayama team

Ejercicios

A. Conteste con una oración completa.

1. ¿Qué edad tiene el escritor?
2. ¿Con quiénes ha hablado?
3. ¿Qué es lo que ninguno recuerda?
4. ¿Qué es lo que sí recuerdan?
5. ¿Cuándo comenzó a ser popular el mote de "Ciudad Bruja"?
6. ¿Qué solían llevar al parque de pelota los fanáticos de Guayama? ¿Por qué?
7. ¿De qué se hacía alarde?
8. ¿Cómo se siente el nativo de Guayama en cuanto al mote de "Ciudad Bruja?"
9. ¿Con quién jugaba el equipo de Guayama?
10. ¿Quién lanzaba para Guayama?
11. ¿Qué marcaba la pizarra al terminar la quinta entrada?
12. ¿En qué creía Paige?
13. ¿Quién se le acercó al terminar la quinta entrada?
14. ¿Qué le dijo?
15. ¿Dónde estaba parado "Moncho el Brujo"?
16. ¿Qué le contestó Paige?
17. ¿Adónde fue?
18. ¿Qué explicación dio?
19. ¿Cuál equipo perdió?
20. ¿Cuándo ocurrió el juego?

B. Añada la palabra más apropiada para terminar las siguientes oraciones.

1. Hemos _____ mucha información sobre la ciudad.
2. Se llama así desde la primera _____ de este siglo.
3. Los curanderos de esta ciudad son _____ en toda esta jurisdicción.
4. Los equipos de _____ jugaban con los de otros pueblos.
5. Querían _____ al adversario.
6. Rogaban _____ para el jugador local.
7. La planta se nutre de la _____ en el aire.
8. Amenazan a los _____ con influencias hechiceras.
9. Fue entonces que _____ este apelativo.
10. Hoy el nativo de Guayama lleva esta etiqueta con _____.
11. El otro equipo venía de _____.
12. _____ estaba ganando hasta la quinta entrada.
13. Paige estaba como en sus mejores _____.

71

14. No pudieron hacerle _____ de actitud.
15. Por eso Guayama _____ el juego.

C. Sustituya las palabras subrayadas con sinónimos de la siguiente lista. Hay que cambiar los verbos, nombres y adjetivos a la forma apropiada.

lavar	recordar	mudo
rogar	continuar	adversario
soler	cambiar	medio
diferente		

1. Tenían la costumbre de llevar velas prendidas.
2. Ellos se acuerdan de aquellos tiempos.
3. Paige se quedó callado.
4. Venían de distintos pueblos.
5. No hubo manera de hacerle variar de actitud.
6. No quería seguir jugando.
7. Amenazan a sus rivales.
8. Pidió protección para el jugador local.
9. Se bañaba con plantas aromáticas.

D. Tema para discusión en clase o para composición escrita:

Cómo algunos de los personajes de este libro fueron víctimas de supersticiones, o bien cómo utilizaron las supersticiones o ideas falsas de otros en beneficio propio. Considere, por ejemplo, el caso de los indios taínos (*La muerte de Salcedo*), de *Carabalí*, y del guardia de *La Garita del Diablo*.

Paloma dame la mano
para subir a tu nido,
que me han dicho que estás sola
y a acompañarte he venido.

El pozo milagroso (1953)

13

*Es un día de fiesta caluroso de verano de 1975 en este lugar
cerca del pueblo de Sábana Grande en el suroeste de Puerto
Rico, donde apareció la Virgen en el 1953, como relataremos
más adelante. Hay mucha gente. Por una gruta encerrada por
una construcción de concreto, se encuentran cantidades de
muletas° de personas antes cojas° que juran haberse curado
con el agua que sale del pozo.° Y en las paredes se ven cartas
que también dan testimonio de estos milagros.*

 *La gente hace fila ahora para recoger el agua milagrosa. Se
usa toda clase de recipientes. Más comunes son los de plástico: antiguos envases de aceite de cocina, de líquido para
limpiar, o de líquido para "darle nueva vida" a la batería del
automóvil. Pero también se ven muchos botellones grandes,
termos, e inclusive una linda botella verde, envase de una
ginebra muy fina, llamada ahora a servir más nobles pro-
pósitos.*

 *Hay dos rótulos que llaman la atención junto al pozo. En
uno se lee: "Este no es un sitio de recreo. Este es un sitio de
devoción." Porque la verdad es que, aparte de su significado
sagrado, el lugar es fresco y agradable. El otro: "No permita
a sus niños tirar cáscaras° de mangó al piso. Evite caída."
Los que no conocen el sabroso mangó de Puerto Rico deben
saber que su cáscara es tan resbaladiza° como la de la
banana. Claro que el agua del pozo cura las heridas de los que
se caen, pero no hay que tentar a Dios. Más vale prevenir que
curar.*

 *Un señor vestido de un flamante° traje rojo ha traído un
grupo de fieles en guagua ° desde Ponce. Delante de una imagen de la Virgen, les dirige en cánticos. Su grupo atrae más
gente. Viéndose rodeado de otros que no formaban parte de su*

muletas crutches
cojas lame
pozo well

cáscaras peels

resbaladiza slippery

flamante brand new
guagua bus

73

grupo original, proclama su profesión de curandero y contesta preguntas. —Pero no ayudo a los machos que sólo quieren conquistarse muchachas. No, señora, no. No soy espiritista. Soy católico.

Se ven por los alrededores muchas palomas que arrullan° con su suave canto, y para quienes se han construido casitas especiales. Hay una capilla donde se celebra misa los domingos a las tres de la tarde y una tiendita donde se venden refrescos y recuerdos.°

arrullan lull

recuerdos souvenirs

Era una tarde de abril en la pequeña escuela rural, *Lola Rodríguez de Tió,* cerca del pueblo de Sábana Grande. En vez de mostrarse cansados por las actividades del día, los niños se veían excitados, alborotados.

—Pero Ángel, ¿cómo es que tú puedes decir que viste a La Virgen junto al pozo?

—Es cierto, Missy.[1] ¡Yo la vi! Y me dijo que iba a bendecir el agua del pozo para curar las enfermedades.

—¡Vamos al pozo! ¡Vamos a ver a la Virgen!— gritaron otros niños.

Durante un momento la maestra consideró la posibilidad de castigar a Ángel y a otros de los niños que se habían dejado llevar° por el alboroto° de éste. Pero luego cambió de opinión. Pocas cosas sucedían para aliviar el tedio de las tardes en una escuelita rural. Así que, picada ella misma por la curiosidad, por fin dijo:

se habían dejado llevar had let themselves get carried away
alboroto disturbance

—Está bien, niños. Pueden ir. Pero no se demoren.° Regresen en seguida.

demoren delay

Llegando al pozo después que los niños, la maestra no vio nada de extraordinario. Quedó impresionada por la actitud de los niños, algunos de los cuales parecían casi hipnotizados, con la mirada fija en el pozo. Era inútil tratar de reanudar las clases. Así que, un poco más temprano que de costumbre, se enviaron a los niños a sus casas.

No tardó en difundirse la noticia por el pueblo. Los niños llegaron a ser centro de atracción del momento. El párroco° de la iglesia de Sábana Grande no sabía qué

párroco parson

---

[1] Missy: A familiar term used by Puerto Rican children in addressing a female teacher

pensar. No quería aceptar sin mayores pruebas lo que los niños afirmaron, pero por otra parte, no quería por actitud incrédula, destrozar la fe sencilla de la gente.

Porque con cada día que pasaba aumentaba la cantidad de gente que visitaba el pozo, algunos empujados por mera curiosidad, mientras que otros que estaban enfermos esperaban que el agua del pozo les sanara. Y de éstos últimos surgieron° las primeras noticias de curaciones milagrosas.

surgieron arose

Surgieron a la vez nuevas noticias de los niños de la escuelita. Varios afirmaron haber visto a la Virgen otra vez. Ella les había dicho que aparecería nuevamente el 25 de mayo a las once de la mañana y que, a la vista de todos, se haría° un nuevo milagro.

se haría would be performed

Las agencias noticiosas desde luego se interesaron en el asunto. Una de las estaciones de radio más grandes de San Juan mandó instalar equipo cerca del pozo, y mandó a un reportero para averiguar lo que había de cierto° en todo eso. El testimonio de este reportero puede leerse ahora pegado a la pared junto a otras cartas y a las muletas y otros artefactos de enfermos y cojos curados por el agua del pozo.

lo que...cierto how much was true

Era la víspera del 25 de mayo,° y de todas partes llegaba gente. Se acamparon al aire libre para poder estar cerca del pozo. Al amanecer del 25, todas las lomas vecinas estaban llenas de gente. Cada uno quería acercarse lo más posible. Sin embargo, todos estaban dispuestos a ceder su lugar para que los enfermos y cojos pudieran llegar al borde del pozo.

víspera del 25 de mayo the evening before the 25 of May

La gente esperaba. Eran casi las once de la mañana. De repente una densa nube rodeó el pozo. Los que estaban más cerca del pozo pudieron ver aparecer entre la nube la figura de la Virgen, la que después ha venido a llamarse "La Virgen del Rosario." Entre los que estaban más cerca, se encontraban una señora coja que sólo podía caminar valiéndose de ° unos pesados aparatos ortopédicos[2], y uno de los niños de las escuelita. El niño le dijo:

valiéndose de by using

---

[2] Orthopedic: used in treatment of injuries to bones and joints

—Señora, puede usted quitarse esos ganchos.° Ya no los necesita. La Virgen dice que usted está ya curada.

La señora hizo lo que el niño le había dicho, encontrando, para su inmenso alivio, que podía moverse libremente. Después, arrodillándose junto a los otros, dio gracias a la Virgen por el milagro.

Y todavía hoy la gente viene para llenar toda clase de recipientes con el agua milagrosa. Y siguen acumulándose muletas que ya no se necesitan.

Ejercicios

A. Conteste con una oración completa.

1. ¿Cómo se veían los niños en la escuela?
2. ¿Qué le dijo la Virgen a Ángel?
3. ¿Dónde querían ir los niños?
4. ¿Por qué no castigó la maestra a los niños?
5. ¿Por qué quedó impresionada la maestra?
6. ¿Por qué iba la gente al pozo?
7. ¿Qué le prometió la Virgen a los niños?
8. ¿Quién llegó de San Juan?
9. ¿Quiénes se acamparon al aire libre?
10. ¿Qué vieron a las once de la mañana?
11. ¿Quién se curó?
12. ¿Qué hizo después?
13. ¿Para qué hace fila la gente ahora?
14. ¿Qué se ve en las paredes?
15. ¿Qué se ve por los alrededores?

B. Añada la palabra más apropiada para terminar las siguientes oraciones.

1. Las cartas también dan testimonio de los _____.
2. Los _____ de plástico son comunes.
3. Hay dos _____ junto al pozo.
4. El lugar es _____ y agradable.
5. La cáscara de mangó es muy _____.
6. Más vale _____ que curar.
7. El señor vino en guagua desde _____.
8. Dice que no es _____.

El pozo milagroso

9. Se han construido casitas especiales para las _____.
10. Se celebra _____ a las tres de la tarde.
11. En la tienda venden _____.
12. El pozo está cerca de una pequeña _____.
13. La estación de radio mandó instalar _____ cerca del pozo.
14. Los cojos dejaron sus _____ porque ya no las necesitaban.
15. La señora se _____ para dar gracias a la Virgen.

C. Sustituya las palabras subrayadas con sinónimos de la siguiente lista. Hay que cambiar los verbos, nombres y adjetivos a la forma apropiada.

verse	curar	verdad
usar	reanudar	víspera
demorar	afirmar	nuevamente
aparte		

1. Tenía que valerse de muletas para caminar.
2. Los niños no se mostraban cansados.
3. No tardaron mucho.
4. Les había dicho que aparecería otra vez el 25 de mayo.
5. Los enfermos se sanaron con el agua.
6. Llegaba gente de todas partes la noche antes del 25 de mayo.
7. No pudo volver a comenzar las clases.
8. Quería averiguar lo que había de cierto en todo eso.
9. Declaran que han visto a la Virgen.
10. Además de su significado sagrado, es un lugar interesante.

D. Tema para discusión en clase o para composición escrita:

El poder de la fe. Si fuera usted médico, ¿recomendaría a sus pacientes tomar el agua del pozo?

Suspiros que de mí salen
y otros que de ti saldrán,
si en el camino se encuentran,
¡qué de cosas se dirán!

La Aparecida (1970)   14

—¿**Me** puedes llevar hasta el pueblo? Tengo que ir a la iglesia.

La que así hablaba era una joven que no pasaba de los 25 años, de tez blanca y de pelo negro y largo que llevaba suelto. Se vestía de un traje sencillo un poco pasado de moda. Estaba de pie a la orilla de la carretera que lleva al pueblo. Le había hecho señas a un automóvil que pasaba.

El conductor,° un hombre de unos 30 años, al ver a una mujer sola en la carretera y de noche, se detuvo° sorprendido. Pensó primero que se trataba de alguna emergencia.

conductor driver
se detuvo stopped

—Con mucho gusto, señorita. Suba.

La joven subió al automóvil.

El conductor trató de entablar una conversación con ella:

—¿Le sucede algo grave, señorita?

—Tengo que ir a la iglesia— contestó.

—¿Se está muriendo algún familiar y va a buscar al cura? ¿O necesita un médico? Yo la puedo ayudar con mucho gusto.

—Tengo que ir a la iglesia— repitió.

El conductor, al darse cuenta de que no existía una emergencia, pensó que se le presentaba una excelente oportunidad para pasar un rato agradable con aquella joven. Inmediatamente comenzó a usar sus tácticas de conquista, seguro de que no le fallarían.°

fallarían would fail

—¿Cómo te llamas?

—Rosa.

—Rosita, un nombre que va muy bien contigo que eres tan hermosa como una flor. ¿Qué hace una joven tan bonita como tú sola a esta hora de la noche?

La joven no respondió.

—Estás sola porque quieres, ya que debes tener muchos pretendientes. Me llamo José y me gustaría hablar un rato contigo. ¿Quieres tomarte algo? Podemos ir a un sitio cerca que yo conozco.

La joven no contestó.

José pensó que ella estaba tratando de pasar por misteriosa e interesante. Esta actitud lo animó a continuar con la conquista. Puso su mano sobre la de Rosa. Notó la mano de ella un poco fría. "Será el fresco de la noche," pensó.

La joven no retiró° la mano.

—Tengo que ir a la iglesia— repitió.

—Mira, yo te llevo a la iglesia; tú haces lo que vas a hacer; yo te espero, y luego tú me complaces y me acompañas a tomar un refresco. ¿Qué dices?

La joven no respondió.

José supuso que como "el que calla otorga,° Rosa había accedido. Mentalmente ya estaba besando la apetitosa boca de Rosita. Prosiguió camino al pueblo, hablando contento. Rosa iba mirando al frente, silenciosa, como absorta en sus pensamientos. Se dejaba acariciar° la mano. Al llegar al pueblo y acercarse a la iglesia, José disminuyó la marcha del vehículo y, mirando románticamente a Rosita, le recordaba que la esperaría a la puerta de la iglesia. De pronto la joven desapareció ante sus ojos. José enmudeció.° Detuvo el automóvil y salió buscando a Rosa. Pensó que se había abierto accidentalmente la puerta y ella había caído, golpeándose. Buscó por todas partes, dentro y fuera del automóvil; la llamó; buscó en los alrededores. Nada. Rosa había desaparecido. Fue hacia la iglesia, estaba cerrada y no se veía nadie en las cercanías.

—¿Dónde estará?— se preguntó José. —No lo entiendo.

Miraba a todos lados buscando a Rosa. De pronto vio una figura blanca que salía de la iglesia atravesando° la

retiró take away, withdraw

el que calla otorga Spanish proverb: he who remains silent gives consent

acariciar to caress

enmudeció became silent

atravesando passing through

81

enorme puerta de madera que estaba cerrada. No creía lo
que sus ojos veían. Se fijó bien y comprobó que era Rosa
y que iba caminando hacia el campo sin tocar el suelo.

El terror se apoderó de° José. Por unos momentos se
paralizó. Quiso gritar pero no salía sonido alguno de su
garganta. Quiso correr pero los pies no se movían.
Cuando Rosa desapareció de su vista, José logró re-
ponerse° y corrió gritando como un loco.

¡Ay! ¡Ay! ¡Un espíritu, un espíritu! ¡Hablé con un
espíritu! ¡Toqué a un espíritu!

Dos días más tarde, José despertó en el hospital.
Había sufrido de fiebres altas, convulsiones y escalo-
fríos° provocados por el terror. Unos policías lo habían
encontrado corriendo y gritando por las calles del pueblo.
Lo llevaron al hospital y por lo que balbuceaba en su
delirio,° comprendieron lo que le había sucedido a José.
Fue víctima de la Aparecida.

Así llamaban a ese espíritu que aparecía algunas
noches por la carretera pidiendo pon °para llegar a la iglesia católica del pueblo. Explicaron a José que Rosa
había sido atropellada° por un automóvil en ese mismo
lugar de la carretera en que él la había encontrado. Había
sucedido la noche antes del día de su boda. Se dirigía a la
iglesia donde la esperaba el novio para el ensayo de la
ceremonia. Desde entonces, de vez en cuando vuelve
Rosa del mundo espiritual para cumplir con el compromiso al que no pudo asistir. Los conductores que
conocen la historia no se detienen cuando una mujer les
pide pon.

Y José jamás ha vuelto a pasar por esa carretera ni de
día ni de noche, ni a darle pon a mujeres, ni jóvenes ni
viejas.

Canto de la Aparecida

I
A este pueblo triste
de calles áridas°
y hermosas playas
he venido a pensar en ti.

se apoderó de took possession of

reponerse to collect himself

escalofríos chills

por...delirio from the words that he stuttered out while delirious

pon ride (Puerto Rican popular usage)
atropellada run over

áridas barren

II
A pensar en los días idos,
en los días aquellos
en que fui tuya
y me arrullé en tus brazos.

III
A pensar en esos días que fueron
tan hermosos como estas playas;
Y pensar en estos días que son...
tan áridos como estas calles.

Adela Martínez—Santiago

Aplazamos° nuestros comentarios hasta después de la lectura del cuento para no dañar el efecto de suspenso. Esta es la típica historia de fantasmas o ghost story *que encontramos deliciosamente escalofriante y encantadora. Los que viven en Bajo de Patillas, un barrio rural cerca del pueblo de Patillas, aseguran que es cierto. Uno de los autores ha entrevistado° a estudiantes que dicen haber visto a la Aparecida. Todavía no nos hemos atrevido ir de noche al lugar para comprobar la aparición. Tal vez algún día lo hagamos y contaremos el resultado en otro libro.*

aplazamos we postponed

entrevistado interviewed

Ejercicios

A. Conteste con una oración completa.

1. ¿Cuándo encontró José a Rosa?
2. ¿Quién la acompañaba?
3. ¿Adónde quería ir ella?
4. ¿Qué fue lo primero que pensó José cuando la recogió?
5. ¿Qué pensó luego?
6. ¿Adónde invitó a Rosa? ¿Para qué?
7. ¿Cómo estaba vestida Rosa?
8. ¿Qué supuso José cuando Rosa no le respondió?
9. Cuando Rosa desapareció, ¿qué hizo José?

10. ¿Hacia dónde iba Rosa cuando José la vio por última vez?
11. ¿Por qué se apoderó de José el terror?
12. ¿Adónde lo tuvieron que llevar?
13. ¿Qué le explicaron a José?
14. ¿Cuándo sucedió el accidente de Rosa?
15. ¿Para qué vuelve de vez en cuando del mundo espiritual?

B. ¿Son ciertas o falsas las siguientes oraciones? Si son falsas, cámbielas de manera que queden correctas.

1. José tenía unos 30 años.
2. Rosa era de tez blanca y de pelo corto.
3. José atropelló a Rosa.
4. José quería llevar a Rosa al hospital.
5. Rosa murió de amor.
6. Rosa se dejó acariciar la mano.
7. José se despertó en su casa.
8. Rosa murió el día de su boda.
9. El novio la esperaba para el ensayo de la ceremonia.
10. El *Canto de la Aparecida* podría ser dedicado a José.

C. Usando cinco adjetivos, describa el estado físico y emocional de José al darse cuenta de que había llevado en su automóvil a un espíritu.

D. Describa en una o dos oraciones cómo se sentiría usted si se encontrara con la Aparecida.

E. Sustituya las palabras subrayadas con sinónimos de la siguiente lista. Hay que cambiar los verbos, nombres y adjetivos a la forma apropiada.

fijarse	responder	a veces
haber	repetir	de repente
entablar	emergencia	inmediatamente
misterioso		

1. El conductor trató de iniciar una conversación con ella.
2. En seguida comenzó a usar sus tácticas de conquista.

3. Se dio cuenta de que no existía una emergencia.
4. Miró bien y comprobó que era Rosa.
5. La joven no contestó.
6. Dijo otra vez que tenía que ir a la iglesia.
7. Ya sabía que ella era una muchacha extraña.
8. No se trata de una situación grave.
9. De pronto desapareció ante sus ojos.
10. De vez en cuando vuelve del mundo espiritual.

F. Tema para discusión en clase o para composición escrita:

Historias de fantasmas. Relate o escriba su historia favorita de fantasmas. ¿Será cierto que los espíritus de los muertos puedan visitar este mundo?

G. Adivinanza.

Quien la hace no la usa,
quien la usa no la ve,
quien la ve no la desea
por bonita que le esté.

(el ataúd)

Sin luz no existe el color,
sin el aire no hay sonido,
y en mí no existiera amor
si tú no hubieras venido.

Seres extraterrestres (1975)

En Puerto Rico existe gran interés en los platillos voladores °y   **platillos voladores**
en seres de otros planetas no sólo por los sucesos que na-   flying saucers
rramos aquí sino porque éstos han sido objeto de estudio de dos
programas de índole° documental: uno presentado por televi-   **índole** kind, type
sión, el Canal dos de Telemundo, por el conocido productor y
publicista Jorge Marquina. El otro, un documental titulado
"Los ovnis—objetos voladores no identificados—la gran in-
cógnita° de este siglo" fue una producción del Departamento   **la gran incógnita**
de Noticias de la Gran Cadena (WQBS),[1] *presentado por*   the great mystery
radio el 27 de julio de 1975. Es de este último programa, con
libreto y narración de José Antonio Ayala y basado
exclusivamente en sucesos ocurridos en Puerto Rico, que
hemos tomado los incidentes que presentamos a continuación.
Vale la pena agregar° que el último incidente, el de San Ger-   **agregar** to add
mán, acaparó los titulares° de El Mundo, periódico de mayor   **titulares** headlines′
circulación en Puerto Rico. Los del 30 de abril rezaban así:
"Docenas de Residentes Barrio en San Germán Aseguran
Haber Visto Extraño Objeto Volador."

En una estación de radio localizada en el último piso de
un edificio de San Juan, Willie López realizaba sus labores de *disc jockey*[2] la noche del 6 de abril de 1975.
Eran las once menos cuarto. De repente sintió que algo o
alguien tocaba el cristal del control° tres veces. Tocaba   **cristal del control**
    control booth
    window

---

[1] *Gran Cadena* (WQBS): A radio station in Puerto Rico
[2] These two English words were used on the original radio program.

por el lado de la terraza del *penthouse*[3] donde estaba ubicada° la emisora, donde no había ninguna entrada. Willie no podía explicarse cómo podía haber alguien por el lado de la terraza, pero a través del cristal creyó ver luces. Cerró con rapidez la cortina y, creyendo que iba a ser víctima de un asalto, llamó a un compañero de labores que prometió acudir aunque tomó la cosa a chiste.° A los cinco minutos, dominado por la curiosidad, abrió un poquito la cortina y vio lo que aseguró era "un tremendo platillo volador," cerniéndose° en el aire a una distancia de menos de veinte metros, que despedía una luz brillante. Asustadísimo, Willie cerró nuevamente la cortina y volvió a llamar a su compañero de labores, que aún no había salido.

Cuando llegó su compañero a la emisora, él y Willie salieron a la terraza para investigar. Ya no vieron nada, pero notaron que estaba muy caliente el piso donde Willie había visto la primera aparición. Por lo extraño del incidente, no quisieron comentar el suceso con nadie y Willie reanudó sus labores. Sin embargo dos noches después, el 8 de abril, sintió algo, como que "se iba a caer la estación" en sus propias palabras, y la estación dejó de transmitir, aunque Willie no vio nada. Pero la luz no se fue de la estación y Willie siguió trabajando hasta completar su turno aunque después, por su estado de nervios, tuvo que tomar sedantes.

A invitación de la Gran Cadena (WQBS), la defensa civil°fue invitada a hacer una prueba con un contador Geiger[4] para determinar si había radiación en la azotea° del edificio donde se halla la emisora. Los resultados nunca se dieron a conocer.°

Esa misma noche en que Willie López sintió estremecerse° la estación de radio donde trabajaba, sucedieron en Puerto Rico muchos otros fenómenos que no podían explicarse fácilmente. Era la noche del 8 de abril, en que mucha gente estaba en casa mirando televisión, pues se presentaba el programa especial de la en-

ubicada located

tomó...chiste he took it as a joke

cerniéndose hovering

defensa civil Department of Civil Defense

azotea roof

nunca...conocer were never made known

estremecerse to shake

---

[3] Penthouse: A small house or apartment built on the roof of a building
[4] Geiger Counter: device for measuring radioactivity

trega de los Oscares.[5]

Y hubo un mini-apagón° a lo largo de todo Puerto Rico, manifestándose a veces por un simple parpadeo° en el sistema eléctrico y, a veces, por la oscuridad total. En el barrio de Guaynabo, dos jóvenes presenciaron el descenso de un objeto brillante y redondo sobre una arboleda. Sintieron una explosión y al mismo tiempo se fue la luz. Y lo más raro fue que no sólo falló el sistema eléctrico en las casas, sino que las baterías de los automóviles dejaron de funcionar. Era tan intenso el calor en el lugar de contacto que se pusieron al rojo vivo° las piedras. Un periodista que se trasladó al lugar al siguiente día encontró que todavía salía humo del sitio y que los árboles estaban completamente quemados. Se llevó algunas de las piedras, todavía tan calientes que incendiaron una bolsa de papel y tuvieron que cargarse en una lata° de galletas.

Otro que relató acerca de sucesos extraños la noche del 8 de abril fue Reynaldo Vivo, que como tantos otros miraba un programa de televisión a las 10:40 en su apartamento del área del Condado en Santurce,[6] cuando notó que toda el área se iluminó como por efecto de una explosión producida por un corto circuito. No pudo percatarse de° la fuente de la iluminación por los cristales opacos del apartamento. Cuando miró para afuera, se dio cuenta de que no había luz en todo el sector, menos en el mismo apartamento donde vivía. Increíblemente, a pesar del apagón, había luz en su apartamento y seguía prendido el televisor, aunque no proyectaba ninguna imagen.

Vemos, pues, que el 8 de abril fue un día muy interesante en Puerto Rico. Pero no terminó todo entonces. Diecinueve días más tarde, ocurrió algo muy extraño en una casa de campo cerca de San Germán, en el suroeste de la Isla. Allí, por la madrugada del 29 de abril, a eso de las 3:45, se posó ° sobre una pequeña estructura de madera y zinc un extraño objeto volador que giraba lanzando

mini-apagón small blackout
parpadeo blinking

se pusieron...vivo became red hot

lata can

percatarse to perceive

se posó came to rest

---

[5] Oscars: awards for outstanding achievement in motion pictures

[6] *Condado de Santurce:* well-to-do section of San Juan next to the sea where a number of large tourist hotels are located

destellos tan brillantes que° no se podía ver con claridad su forma, aunque lo vieron no sólo los miembros de la familia sino también varios vecinos del lugar. Luego de posarse° sobre la pequeña casita, e incendiarla de manera que luego quedó parcialmente destruida, se fue alejando el objeto.

giraba...que sparkled so brightly while it was spinning that...

posarse perching itself

Hace 500 años que los taínos vieron llegar a Puerto Rico a los primeros españoles. Los recibieron con felicidad y con esperanza. Fueron cruelmente decepcionados.

Hoy los habitantes de Puerto Rico ven llegar a seres del espacio cuyo lugar de origen les es igualmente desconocido. Pero a diferencia de los taínos, los ven llegar con miedo, incredulidad y asombro. Y es posible que esta reacción sea tan equivocada como lo fue la de los taínos hace 500 años.

Nadie sabe. Los taínos no hubieran podido° predecir los cambios, tan desafortunados para ellos, que iban a ocurrir en Puerto Rico.

no hubieran podido would not have been able to

Y nosotros no podemos predecir lo que pasará en la Isla, ni en el mundo del cual forma una pequeña parte, en los próximos 500 años. Pero sabemos que sobrepasará lo imaginado° por la mente del hombre.

Habrá mucho material para futuras leyendas.

Veremos.

sobrepasará lo imaginado it will surpass all that can be imagined

Ejercicios

A. Conteste con una oración completa.

1. ¿Qué significa *ovnis*?
2. ¿Dónde estaba Willie López la noche del 6 de abril de 1975?

3. ¿A quién llamó Willie?
4. ¿Qué vio cuando abrió la cortina?
5. ¿Qué vieron Willie y su compañero cuando salieron a la terraza?
6. ¿Qué notaron?
7. ¿Qué le pasó a Willie dos noches después?
8. ¿Qué tuvo que hacer después?
9. ¿Por qué se hizo una prueba con un contador Geiger?
10. ¿Qué programa se estaba presentando la noche del 8 de abril de 1975?
11. ¿Qué hubo a lo largo de todo Puerto Rico esa noche?
12. ¿Quiénes presenciaron el descenso de un objeto brillante? ¿Dónde?
13. ¿Qué pasó con las piedras en el lugar de contacto?
14. ¿Qué notó Reynaldo Vivo esa noche?
15. ¿Qué causó el fuego en la casita de madera en San Germán?
16. ¿Cómo recibieron los taínos a los españoles?
17. ¿De dónde vienen los seres del espacio?
18. ¿Qué es los que no podemos hacer?
19. ¿Por qué fue equivocada la reacción de los taínos?
20. ¿Qué sabemos?

B. Añada la palabra más apropiada para terminar las siguientes oraciones.

1. El programa fue presentado el 27 de _____ de 1975.
2. El último incidente acaparó los titulares de _____.
3. El programa se basa en sucesos ocurridos en _____.
4. Willie creía que iba a ser víctima de un _____.
5. No comentaron el suceso con _____.
6. Las _____ de los automóviles dejaron de funcionar.
7. Los árboles cerca del lugar de contacto estaban completamente
_____.
8. Las piedras se cargaron en una _____.
9. No había luz en todo el sector _____ en el apartamento donde él vivía.
10. El objeto volador se _____ sobre una pequeña casita.
11. Su _____ no podía verse con claridad.
12. Los vemos llegar con incredulidad y _____.
13. La _____ del hombre no puede imaginar lo que pasará.
14. Habrá material para futuras _____.
15. *El Mundo* es el _____ de mayor circulación en Puerto Rico.

C. **Sustituya las palabras subrayadas con sinónimos de la siguiente lista. Hay que cambiar los verbos, nombres y adjetivos a la forma apropiada. Es posible usar una palabra más de una vez.**

contar	alumbrar	determinar
ver	equivocar	extraordinario
cargar	afirmar	

1. Querían averiguar si había radiación en la azotea.
2. Lo más raro fue que las baterías no funcionaban.
3. Toda el área se iluminó.
4. Presenciaron el descenso de un objeto brillante.
5. Aseguró que era un platillo volador.
6. Ocurrió algo extraño en el suroeste.
7. No llevaron las piedras en una bolsa.
8. Existe gran interés en los sucesos que narramos aquí.
9. Miraba un programa de televisión por la noche.
10. Esa reacción es tan errada como la de los taínos.

D. **Temas para discusión en clase o para composiciones escritas:**

1. La posibilidad de haber otros mundos habitados
2. Impresiones del libro. Puede escribir sus impresiones a uno de los autores: Adela Martínez, 104 S. Ashford St., Guayama, Puerto Rico 00654, Robert L. Muckley, Universidad Interamericana-513, San Germán, Puerto Rico 00753.

> Ya se te fue el ruiseñor
> que en tu mano lo tuviste,
> otro ruiseñor vendrá
> mas no como el que perdiste.

Apéndice

Algo sobre los taínos

Los indios que habitaban Puerto Rico al tiempo del primer viaje de Colón se llamaban *taínos*. Los taínos eran un pueblo manso y amigable que, 50 años después de haber llegado a Puerto Rico los primeros españoles, habían desaparecido casi por completo. Explotados cruelmente por los españoles, sólo quedaban unos 60 en 1542, año en que por decreto real se reconoció su libertad. Los años siguientes vieron la asimilación total de la población india.

Los taínos habían venido originalmente de la América del Sur, de la región del Río Orinoco, en la que es hoy Venezuela, llegando a Puerto Rico alrededor de 300 A.C. Son descendientes de los llamados *araucos*. Atravesaban el mar en grandes canoas donde cabían hasta cien hombres. Sabían pescar y cultivar la tierra. Pero no fueron los primeros. Antes, hace más de dos mil años, llegaron a Puerto Rico, posiblemente desde la costa de Florida, grupos de indios que hoy llamamos indios *arcaicos*. Estos llegaban en primitivas balsas, pues no construían canoas. Vivían cerca de la costa. Cazaban y pescaban para vivir, pues no conocían la agricultura. Estos indios arcaicos fueron conquistados y absorbidos por los *araucos*, dando por resultado la cultura taína, que tuvo su máximo florecimiento en el siglo XIII.

Unos cien años antes de llegar Colón al Nuevo Mundo, alrededor de 1400 A.C., el área fue invadida por otra tribu de indios, los *caribes*. Estos también venían de la costa norte de la América del Sur. Al contrario de los pacíficos taínos, eran muy guerreros, y al igual que ellos, eran excelentes marineros. Se establecieron en las islas al sur y este de Puerto Rico y, desde allí, atacaban las aldeas taínas del este de Puerto Rico. La mayor preocupación de los taínos, cuando llegaron los españoles, era cómo defenderse contra los caribes. No sabían que el hombre blanco iba a ser un enemigo mucho peor. Es interesante notar que los caribes seguían atacando a Puerto Rico, aun después de la desaparición de los taínos, y que aún hoy en día hay un grupo de caribes que viven en la isla de Dominica.

Pero volvamos a los taínos. En la época de la llegada de los españoles, vivían en aldeas llamadas *yucayeques,* distribuidas por toda la Isla. Se han conservado los nombres de unos 18 de estos *yucayeques.* Cada *yucayeque* tenía su jefe o *cacique.* El *yucayeque* consistía en un número de casas llamadas *bohíos* construidas alrededor de una plaza llamada *batey.* Los *bohíos* eran redondos y se hacían de tablas de palma o de cañas amarradas entre sí con bejucos. ° La excepción era el *bohío* del cacique, que se construía en forma cuadrangular. Las distintas clases sociales eran los *nitaínos,* o nobles, los *bohiques,* que eran los sacerdotes y médicos, y los *naborís* o *naborias,* que eran los trabajadores. El cargo de cacique era hereditario.

bejucos reeds

Como la ocupación principal de los indios era la agricultura, cada *yucayeque* estaba rodeado de sus campos de cultivo. Se cultivaban la yuca, el maíz, las batatas, el maní, el tabaco y el algodón. El *yucayeque* más importante era Guainía, cerca del actual pueblo de Yauco. Su cacique, en el tiempo de la llegada de los españoles, se llamaba Agueybana y podía hablar en nombre de todos los demás caciques. Se hizo amigo de los españoles cuando éstos llegaron en 1508. A su muerte en 1510 su sobrino Guaybaná heredó su puesto. De él hablamos en el relato de la muerte de Salcedo.

Los taínos no vivían con muchas comodidades materiales, pero no les hacían falta. Usaban poca ropa. Las mujeres casadas usaban pequeños delantales° llamados *naguas* (origen de la palabra española *enagua),* los hombres un simple taparrabo.° En los *bohíos* había pocos muebles. Dormían en hamacas. Se sentaban directamente en el suelo. Los caciques a veces usaban un asiento bajo llamado *dujo,* que servía más bien como símbolo de autoridad que para la comodidad. Para cocinar, utilizaban ollas, platos y vasos de barro, o bien utilizaban recipientes naturales como la concha de los caracoles. Para cultivar la tierra usaban un palo largo llamado *coa.* Pescaban con anzuelos° de madera e hilos° de algodón. Cazaban con arco y flecha. ° Para transportarse, cons-

delanteles aprons

taparrabo loin cloth

anzuelos fishhooks
hilos threads
flecha arrow

truían canoas de varias clases. Las más grandes se hacían ahuecando° el tronco de un árbol grande por medio
del fuego y de herramientas° de piedra. Para transportarse en tierra, iban a pie. No hay que olvidar que los
primeros caballos llegaron con los españoles.

Por lo general la familia consistía en los padres y los
hijos que vivían juntos en un solo *bohío.* El padre enseñaba a los hijos a pescar y cazar. Además les enseñaba
la cultura y las costumbres del pueblo. Las madres en-
señaban a sus hijas a cocinar, tejer° hamacas y cultivar
los campos. En general los padres exigían respeto a sus
hijos.

Los taínos creían en un gran espíritu protector,
Yucajú. Este nombre tenía variantes, el más común de
los cuales es *Yukiyú.* Literalmente, quiere decir "yuca
blanca," la planta que les daba la harina° para el pan.
Había también un espíritu maligno, *Juracán.* Se consid-
eraba que el primero tenía su morada° principal en las
montañas del noreste de la Isla, por la montaña que hoy
se conoce come el Yunque. El segundo habitaba en las
islas al sureste de Puerto Rico, pues de allí venían los
guerreros caribes y las grandes tormentas. Del nombre de
este espíritu maligno, tenemos la palabra española *huracán* y su equivalente inglés, *hurricane.* Además de los
dos grandes espíritus, había otros de menor importancia.
Había los llamados *cemíes,* representados por ídolos
hechos de barro, piedra o algodón. Comunmente este
ídolo era de forma cónica con una cara tallada a lados
opuestos. Los *cemíes* se consideraban espíritus buenos
pero también había espíritus malos, los *maboyas,* ir-
radiaciones de *Juracán,* y las *jupías,*[1] apariciones de las
ánimas de los difuntos. Los *bohiques* eran a la vez sacerdotes y curanderos que apelaban° a la ayuda de los
cemíes y ahuyentaban° a las *maboyas* y a las *jupías.*

Como creían en una vida después de la muerte, enter-

ahuecando hollowing
herramientos tools

tejer to weave

harina flour

morada dwelling place

apelaban appealed
ahuyentaban drove away

---

[1] The principal meaning of *jupía* was that of "soul" as was pointed out in the first story. The *taínos*
believed that everyone had a *jupía* which continued to live on after the death of the physical body. The
jupías were therefore disembodied spirits which could, however, continue to inhabit the physical world.
Whether these *jupías* were good or bad is a matter of some disagreement among those who have studied
the *taíno* culture, but the overall impression seems to be negative.

raban a sus muertos en posición sentada con las rodillas a nivel del pecho en una fosa° reforzada con tablas. Ponían agua y alimento al lado del cadáver. Los caciques eran enterrados con todos sus adornos y se enterraba viva la mujer favorita del cacique para que lo acompañara a la otra vida.

fosa grave

Pasando a un tema menos lúgubre,° consideremos un poco las fiestas y diversiones de los taínos. Celebraban unas grandes fiestas que llamaban *areytos,* los famosos *areytos* de los taínos. En los *areytos* había de todo. Se cantaba, se bailaba, se aprendía historia, se comía, se bebía. En fin se gozaba, y a lo lindo. Se celebraban con motivo del matrimonio del cacique, de una buena cosecha, de un triunfo guerrero, o bien para conmemorar un suceso importante. Por lo general se planeaban con cuidado y con varios días de anticipación, y con participación del *yucayeque* completo. El cacique iniciaba el *areyto* en el *batey,* cantando estrofas sobre la historia del *yucayeque.* Como el idioma taíno no se escribía, estos *areytos* servían para enseñar la historia y tradiciones del pueblo. A medida que el cacique cantaba al acompañamiento de instrumentos musicales como el güiro, las maracas y el tambor, los hombres y mujeres bailaban con ratos de descanso en que comían y bebían. Los *areytos* podían durar varios días.

lúgubre gloomy

Y los *taínos* tenían también su juego de pelota. Les encantaba jugar a la pelota. La pelota se hacía de raíces° y de la goma° sacada de la corteza de ciertos árboles. El campo de juego era por lo general el *batey* del pueblo, aunque algunos *yucayeques* construyeron sus propios campos de juego, a menudo cerca de un río, pues a los jugadores les agradaba bañarse en el río para refrescarse después del duro juego. El juego en sí era parecido al volibol actual pero sin redes. ° Los equipos o bien se formaban dentro de un mismo *yucayeque*, o podían representar *yucayeques* distintos. Había equipos de hombres y de mujeres. Y los espectadores apostaban° a sus equipos favoritos. Se apostaban adornos, armas y utensilios de trabajo.

raíces roots
goma gum, rubber

redes nets

apostaban bet

No se conserva el idioma de los taínos en su integridad. Desapareció junto con los que lo hablaban antes de que pudiera ser objeto de un estudio serio de parte de misioneros o eruditos. Lo que se conserva son expresiones sueltas, nombres de plantas y animales nativos, y términos que se refieren a la cultura y a las costumbres. Sin embargo, algunas palabras taínas han pasado a formar parte del español de Puerto Rico, e inclusive del vocabulario español universal y de otros idiomas. Entre éstas últimas se encuentran *canoa*, *huracán* y *hamaca*. Otras son *bejuco, batey, maní, iguana, juey, bohío*. Y no debemos olvidar el nombre que los indios pusieron a esta isla, *Boriquén*, que según el historiador Cayetano Coll y Toste significa "tierras del valiente señor." La variante *Borínquen*, que se ha popularizado mucho últimamente, fue creada, al parecer, durante el siglo XIX.

Coll y Toste ha intentado también, a manera de un ejercicio lingüístico, crear una oración en taíno siguiendo el patrón del *padre nuestro*, utilizando las palabras sueltas y construcciones del taíno que han llegado hasta nosotros. Héla aquí:

Guakía baba	Nuestro padre
turey toca	cielo estar
guamí-ke-ní	señor de tierra y agua
guamí-caraya-guey	señor de luna y sol
guarico	ven a
guakía	nosotros
tayno-tí	bueno, alto
bo-matún	grande, generoso
busicá	da a
para-yucubía	lluvia, planta
aje-cazabi	boniato, pan
juracán-uá	espíritu malo, no
maboya-uá	fantasma, no
yukiyú-jan	espíritu bueno, sí
Diosá	de Dios
naborí daca	siervo yo
Jan-jan catú	Así sea.

Spanish-English Vocabulary

All words that appear in the text are included here, except for exact or very close cognates, definite articles, some pronouns, cardinal numbers and names of people, months and days.

The following abbreviations are used:

f., feminine

m., masculine

Gender is shown for all nouns, except masculine nouns that end in **-o**, feminine nouns that end in **-a** or nouns referring to male or female beings. Irregular verbs are marked with (*irreg.*). Stem changing verbs have the change indicated in parentheses: **cerrar (ie), contar (ue), pedir (i)**. Verbs like **conocer** have (**-zco**) in parentheses. Verbs like **construir** have (**-uyo**) in parentheses. Verbs ending in **-eer** are conjugated like **creer**.

A

a to, at, from, by, on
  a pesar de in spite of
  a los... ...later
abajo under, below
abandonar to leave, to abandon
abierto, a open, opened
abismo abyss
abolición *(f.)* abolition
abolir to abolish
abordaje *(m.)* the act of boarding a ship
abrigo shelter
abril *(m.)* April
abrir to open
absorber to absorb
absurdo, a absurd
abundar to abound
acabar (se) to finish, end
  acabar de to have just
acaparar to monopolize
acariciar to caress
acaso by chance
acceder to accede
accidentado, a troubled, agitated
aceite *(m.)* oil
aceptar to accept
acerca de about, with regard to
acercar (se) (qu) to approach
acero steel
acompañamiento accompaniment
acompañar to accompany
aconsejar to advise
acosar to pursue relentlessly
actitud *(f.)* attitude, position
acto deed
actuar to act
acuartelar to quarter
acuático, -a aquatic; pertaining to water
acudir to go or come to the rescue
acuerdo agreement
  de acuerdo a in accordance with
  de acuerdo in agreement
acumular to accumulate
adelante ahead
  en adelante henceforth, in the future
  más adelante farther on
además furthermore, besides
admirar to admire, to astonish
adolescente adolescent
adorar to adore, worship
adorno ornament
adquirir (ie) to acquire

adversario opponent
adverso, -a adverse
afamado, -a famous
afecto affection
afectuosamente affectionately
afirmar to affirm
africano, -a African
agarrar to grasp
agencia agency
  agencia noticiosa news agency
agente *(m.)* agent
agosto August
agotar to exhaust
agradable agreeable
agradar to please, like
agradecer (zc) to be grateful for
agregar to add
agrícola, agricultural
agricultor, -a farmer
agrio, -a sour
agua *(f.)* water
aguacero heavy shower of rain
aguardiente *(m.)* brandy
ahogar (gu) to drown
ahuecar (gu) to make hollow
ahuyentar to drive away
aire *(m.)* air
ajuar *(m.)* bridal apparel and furniture
alambre *(m.)* wire
alarde *(m.)* boasting
  hacer alarde to boast, brag
alborotar to agitate, excite
alboroto disturbance, fuss
alcalde *(m.)* mayor
aldea village
alegremente cheerfully
alejar (se) to move (something) away,
  go away
alfabético, -a alphabetical
algo some; something
algodón *(m.)* cotton
alguien somebody, some one
alguno, -a some
alimentar to feed, nourish
alimento food
alistar to enlist; to get or make ready
aliviar to alleviate, relieve
alivio alleviation
alma *(f.)* soul
alrededor around
  alrededor de about, around
altivo, -a haughty, overbearing
alto, -a high, tall
alumbrar to light up

allá there
allí there
amanecer (zc) to dawn; *(m.)* dawn, daybreak
amante *(m.)* lover
amapola poppy
amar to love
amargamente bitterly
amargura bitterness
amarillo, -a yellow
amarrar to tie, fasten
ambiguo, -a ambiguous
ambos both
amenazar to threaten
ameno, -a pleasant
amigable friendly
amigo friend; friendly
amo master
amor *(m.)* love
amotinado mutineer
amparar to shelter
amparo aid; protection
ampliar to amplify
amplio, -a ample, large
anciano, -a old (man, woman)
ancho, -a broad, wide
andar IR to walk; to go
anécdota anecdote
angustia anguish
augustiado, -a grieved, worried
ánima soul
animal *(m.)* animal
animar to animate, enliven; to cheer, encourage
animarse to cheer up
ante before; in the presence of
anterior former
antes before
antes de before
antes que before
anticipación *(f.)* anticipation
Antillas West Indies
anunciar to announce
anzuelo fishhook
añadir to add
año year
apagón *(m.)* blackout, outage of electricity
aparato apparatus
aparecer (zc) to appear
aparecido, -a ghost
aparente apparent
aparición *(f.)* apparition

apartamiento apartment
apartar to separate
apelar to appeal
apenas scarcely, hardly; no sooner than
apéndice *(m.)* appendix
apertura opening
aplazar (c) to postpone
aplicar (qu) to apply
apoderar (se) to take possession of
apostar (ue) to bet
apreciar to appreciate
aprender to learn
apresar to seize
aprovechar to take advantage of
arar to plow, labor
árbol *(m.)* tree
arboleda grove
arco bow
arder to burn
ardid *(m.)* trickery
ardiente passionate
área area
árido, -a barren
arma weapon
armado, -a armed
armar to arm
aromático, -a aromatic, fragrant
arrabal *(m.)* suburb
arrancar (qu) to pull out
arrastrar to drag
arreglar to arrange; to settle
arrodillar (se) to kneel down
arroyo small stream
arrullar to lull
artefacto device
artillería artillery
artillero gunner, artilleryman
artista *(m.)* artist
asalto assault, attack
asediar to besiege
asegurar to affirm
asesino murderer
así so, thus, in this manner, therefore
asiento seat
asimilable *(f.)* assimilation
asomar to begin to appear
asombro amazement, astonishment
asunto subject, matter, affair
asustar to frighten, scare
atacar (qu) to attack
ataque *(m.)* attack
atardecer *(m.)* sunset
atento, -a attentive, heedful

aterrorizar *(c.)* to frighten, terrify
atracción *(f.)* attraction
atraer IR to attract
atrapar to trap
atrás behind
atravesar to pierce, cross, go through
atreverse to dare
atropellar to trample, run over
auditorio auditory
auge *(m.)* supreme height; apogee
aumentar to increase
aun even
aún yet, still
aunque though
automóvil *(m.)* automobile
autor *(m.)* author
autoridad *(f.)* authority
auxilio aid, help
avergonzar (ue) to shame
avergonzar (se) to be ashamed
averiado, -a damaged
averiguar to investigate, find out
avisar to inform, give notice of
ayudar to aid, help, assist
azotea flat roof
azúcar *(m.)* sugar
azul blue

B

bailar to dance
baile *(m.)* dance
bajar (se) to go down, lower, descend, to get off, get down
bajo, -a low, short, under, underneath, below
bala bullet
balcón *(m.)* balcony
balbucear to stammer
baloncesto basketball
balsa raft
banana banana
banco bank
bandera flag
bañar (se) to bathe
barba beard
barbería barbershop
barco boat
barricada barricade
barrio neighborhood
barro clay
basar to base

bastar to be enough
batalla battle
batallón *(m.)* batallion
batata sweet potato
batería battery
batey village square, plaza

batir to beat
bautizo baptism
beisbol *(m.)* baseball
bejuco reed
bellamente beautifully
belleza beauty
bello, -a beautiful
bendecir (i.j.) to bless
　Dios lo (le) bendiga God bless you
besar to kiss
bestia animal
bien well
　bienes *(m.)* property, riches
biografía biography
blanco, -a white
blanco *(m.)* target
blando, -a soft
bobo fool, dunce
boca mouth
boda wedding
bohío hut, house
bolsa bag, purse
bombardear to bombard
bondad *(f.)* goodness
bordear to border
boricua Puerto Rican
Boriquén *(m.)* name given by Aruaca Indians of pre-Columbian era to the island of Puerto Rico
Borinquén *(m.)* hispanicized form of Boriquén
borrascoso, -a stormy
bosque *(m.)* forest, woods
botar to throw away
bote *(m.)* boat
betella bottle
botellón *(m.)* large bottle
botín *(m.)* booty
brazo arm
brillante brilliant
brindar to offer, present
brisa breeze
bronceado, -a tanned
brotar to bud; bring forth, sprout
bruja witch
bueno, -a good

burlar (se) (de) to make fun of, to laugh at
burlón, -a scoffing; making fun of
buscar (qu) to look for

C

caballero *(m.)* gentleman
caballo horse
cabellera hair
cabello hair
cabeza head
cabo corporal, end extreme
llevar a cabo to carry out
cacique *(m.)* chief (Indian)
cada every
cadáver *(m.)* dead body
cadena chain
cadera hip
caer (se) (IR) to fall (down)
café *(m.)* coffee; restaurant
cajón *(m.)* **(del lanzador)** pitcher's box
calcular to calculate
caliente hot
calma calm
caluroso, -a warm, hot
callar to be quiet
calle *(f.)* street
camastra cot
cambiar to change, exchange
cambio change
caminar to walk; go
camino way
campana bell
campesino farmer, peasant
campiña field, country, landscape
campo field, country, rural area
canal *(m.)* channel
canoa canoe
canonizar to canonize
cántico canticle, song
canasta basket
cantidad *(f.)* quantity
cansancio tiredness
cansar (se) to tire, get tired
cantar to sing
canto song
caña cane
cañón *(m.)* cannon
capataz *(m.)* overseer
capellán *(m.)* chaplain
capilla chapel
capitán *(m.)* captain

capricho whim, fancy
capturar to capture
cara face
caracol *(m.)* shell
carácter *(m.)* character
caracterizar/(c) to characterize
carga load
cargar (gu) to carry (a load)
Caribes *(m.)* tribe of Indians
cariñosamente affectionately
carrera race; career
carretera road, highway
carril lane
carta letter
casa house
casar (se) to marry, get married
casabe *(m.)* cassava
cáscara peel
casco cask; hull of a ship
caso case
castigar (gu) to punish
castigo punishment
castillo castle
casucha hut
católico, -a Catholic
causar to cause
cayo islet; rock, shoal
cazar (c) to hunt
ceder to cede, yield
celebrar to celebrate
célebre celebrated, famous
celeste heavenly
centinela sentinel, person on watch
centro center
ceño frown
cercanía proximity
cercano, -a nearby, neighboring
cercenar to clip, cut off
cerner (se) (ie) to hover
ceremonia ceremony
cero zero
cerrar (ie) to close
cielo sky
cien hundred
cierto, -a certain, true
cigarro cigar
cinco five
cimbreante swaying, sinuous
cimbrear to shake, sway, bend
cintura waist
circuito circuit
circular to circulate
circunstancia circumstance

ciudad *(f.)* city
claramente clearly
claro, -a clear; of course
clase *(f.)* class
cocina kitchen
cocinar to cook
cojo, -a lame
colección *(f.)* collection
colegio college, school
colgar (ue) (gu) to hang (up)
combate *(m.)* struggle
combatir to struggle
comentar to comment
comentario comment
comenzar (ie) (c) to begin
comitiva group, followers
como as, like;
cómo how
cómodo, -a comfortable
compañero companion, mate
compartir to share
competir (i) to compete
complacer (zc) to please
completo, -a complete;
  por completo completely
componer IR to compose
comprar to purchase
comprender to understand
comprobar (ue) to prove
compromiso appointment
comunidad *(f.)* community
con with
concha shell
concreto concrete
condado county
conducir (zc) to conduct, lead
cónico, -a conical
conmemorar to commemorate
conmigo with me
conocer (zc) to know
conocido, -a well known
conocimiento knowledge
conquilióloga seashell collector
conquista conquest
conquistador *(m.)* conquerer
conquistar to conquer
consagrar to consecrate
conseguir (se) (i) to get, succeed
consejo counsel, advice
consentir (ie) (i) to consent
conservar to keep
consideración *(f.)* consideration
considerar to consider

consistente consistent
consolar (ue) to console
construcción *(f.)* construction
construir (y) to construct
consuelo consolation
contacto contact
contador *(m.)* counter
contaminar to contaminate
contar (ue) to tell, relate
contemplar to contemplate
contener IR to contain, stop
contento, -a happy
contestar to answer
continente *(m.)* continent
continuación *(f.)* continuation
  a continuación in the course of the
  program or narrative
continuar to continue
contra against
contrariar to contradict; to upset
contrario, -a contrary, opposite
contraste *(m.)* contrast
convenir (ie) (i) IR to agree, to fit, to be
  suitable
conversar to speak
convertir (ie) (i) to convert, change
convulsión *(f.)* convulsion
copa cup, wineglass
copia copy
coquetería flirtation, a flirting manner
corazón *(m.)* heart
coro chorus
corregir (i) (j) to correct
correr to run
cortar to cut
cortesía courtesy
cortina curtain
corto, -a short
cosecha crop, harvest
costa coast
creación *(f.)* creation
crear to create
creador *(m.)* creator
crecer (zc) to grow
creencia belief
creer to believe
criatura creature
cristal *(m.)* crystal
crónica chronicle, a register of events
crueldad *(f.)* cruelty
cruz *(f.)* cross
cruzar (c) to cross
cuadro picture

cuadrangular quadrangular; foursided
cuadrilla crew, troop
cual which
cuando when
  de vez en cuando occasionally
cuanto all, all that, as much as
cuanto antes as soon as possible
en cuanto a as for
cuatro four; instrument
cuarto room; fifteen-minute period
cubierta deck of a ship
cuello neck
cuenta: darse cuenta de to realize
cuentista *(m.)* story teller
cuento story
cuerpo body
cueva cave
cuidado care
  tener cuidado (de) to be careful about
cuidar (se) to take care of
culebra snake
cultivador *(m.)* cultivator
culto cult, worship
cumplir (con) to accomplish, to carry out
cura *(m.)* priest
curandero one who serves as a doctor
  without being one, medicine man
curar to cure
curioso, -a curious
curva curve
cuyo, -a whose

CH

chica girl
chiste *(m.)* joke
chorro stream, spurt
choza cabin
chubasco squall

D

dama lady
damnificado, -a injured
danés Danish
dañar to spoil, damage
daño hurt, loss
  hacer daño a to hurt
dar IR to give
  dar a to face
  darse cuenta (de) to realize

datar to date
dato item of information
de of, from
debajo (de) below, underneath
deber must, ought, should, to owe
década decade
decepcionar to disappoint
decidir to decide
  decidirse (a) to decide (to)
decir (se) (i) IR to say, tell
  es decir that is
  querer decir to mean
declarar to declare
decreto decree
dedicar (qu) to dedicate
defender (ie) to defend
defensa defense
dejar (se) to leave, allow
dejar de to stop, fail (to)
delantal *(m.)* apron
delgado, -a slender, slim
delirio delirium
deliciosamente deliciously
demanda demand
demás other, rest
  los demás the others
demasiado too, too much
demorar to delay
denso, -a dense
dentro inside
derecho, -a right, straight
desaparecer (zc) to disappear
desaparición *(f.)* disappearance
desapercibido, -a unnoticed
descansar to rest
descanso rest
descargar (gu) to inflict, give (a blow)
descender (ie) to descend
descolgar (ue) (gu) to unhang, take down
desconocido, -a unknown, strange
descubrir to discover
deseo wish
desertor *(m.)* deserter
deshacer IR to undo
descendiente *(m.)* descendent
desgraciado, -a unfortunate
desigual unequal
despedazar (c) to tear apart; to break
despedir (se) (i) (de) to take leave of,
  say good-bye to
despegar (gu) to separate
despertar (ie) to wake up
despierto, -a awake

despreocupación *(f.)* lack of concern
después later, afterwards
  después de after
destacado, -a outstanding
destello sparkle, beam
destierro exile
destino destiny, destination
destrozar (c) to destroy
destruir (y) to destroy
detalle *(m.)* detail
determinar to determine
devoción *(f.)* devotion
devolver (ue) to return
día *(m.)* day
  al otro día the following day
  de día by day
diablo devil
dialecto dialect
diario, -a daily
diecinueve nineteen
diez ten
dificultad *(f.)* difficulty
difundir to diffuse
difunto dead, dead person
digno, -a worthy
dinero money
dios *(m.)* god
  Dios God
dirección *(f.)* direction
directamente directly
discurso speech
discutir to discuss
diseño design
disfrazar (c) to disguise
disfrutar to enjoy
disminuir (y) to decrease
disolver (ue) to dissolve
disparar to shoot
dispuesto, -a ready, prepared
distinguir to distinguish
distinto, -a different
diversión *(f.)* entertainment
dividir to divide
divino, -a divine
divisar to discern, see
docena dozen
doctorado doctorate
documental *(m.)* documentary
documento document
dólar *(m.)* dollar
dolor *(m.)* pain
dominar to dominate
domingo *(m.)* Sunday

don *(m.)* ability, talent
donde where
dormido, -a asleep
dos two
dramaturgo playwright
drástico, -a drastic
ducha shower
duda doubt
duelo duel
dueño owner
dulce sweet
durante during
duro, -a hard, difficult

E

e and
echar to throw
  echarse to lie down
edad *(f.)* age
edificio building
educado, -a educated
  bien educado well bred
efecto effect
  efectos personal belongings
efectuar to carry out
ejecución *(f.)* execution
ejecutar to perform, carry out
ejemplo example
elegir (i) (j) to choose
elemento element
eléctrico, -a electric
elocuente eloquent
embargo: sin embargo however, never-theless
embravecer (zc) to become stormy or violent
emergencia emergency
emisora radio station
emoción *(f.)* emotion
empujar to push
enagua slip (woman's garment)
enamorar (se) (de) to fall in love (with)
enamorado lover
encantador, -a charming
encantar to charm, delight
encanto charm
encargar (gu) to charge, commission
encargarse de to take charge of
encargo charge, commission
encender (ie) to light
encerrar (ie) to enclose

encima on top
encontrar (ue) to find, meet
  encontrarse con to meet, come upon, find out
energía energy
enfermedad *(f.)* illness
enfermo, -a sick
enmarcar (qu) to frame, to cause to stand out
enmendar (ie) to mend
enmudecer (zc) to become silent
enojo anger
enorme enormous
ensayista *(m.)* essay writer
ensayo rehearsal
enseñanza instruction, teaching
ensueño dream, illusion
enterarse (de) to learn, find out
enterrar (ie) to bury
entonces then
  en aquel entonces at that time
entrada entrance
entrar to enter
entre between, among
entregar (gu) to deliver
entrenar to train
entrevista interview
enviar to send
envidia jealousy
época time
equipo team; baggage, luggage
equivalente equivalent
equivocado, -a wrong
erigir (j) to erect, build
errar to miss; to make a mistake
erudito scholar
escalofrío chill
escalofriante scary, chilling (weather)
escampar to clear up
escarbar to scrape, dig
escapar to escape
escena scene
esclavitud *(f.)* slavery
esclavo slave
escoger (j) to choose
escolta escort
esconder to hide
escondite *(m.)* hiding place
escribir to write
escritor, -a writer
escuchar to listen
escuela school
esfera sphere

espacio space
espada sword
especie *(f.)* kind, species
espectáculo spectacle
espectador, -a spectator
esperanza hope
esperar to hope, wait (for)
espiritista *(m. & f.)* spiritist
espeso, -a thick, dense
espíritu *(m.)* spirit
esposa wife
esposo husband
estación *(f.)* station
estado state, condition
estar IR to be
estatua statue
estrecho, -a narrow
estremecer (se) to shake
estrago damage
estrofa stanza
estudiante *(m.)* student
estudiar to study
eterno, -a eternal
etiqueta label
evidencia evidence
evitar to avoid
evocar (qu) to evoke, call forth
exclamar to exclaim
exagerar to exaggerate
excepción *(f.)* exception
exclusivamente exclusively
existir to exist
éxito success;
  tener éxito to succeed
explicar (qu) to explain
explosión *(f.)* explosion
explotar to explore
expresar to express
explorador, -a explorer
extender (se) (ie) to extend, spread out
extensión *(f.)* extension
extenso, -a extensive
extraño, -a strange
extranjero foreigner
extraordinario, -a extraordinary
extremo extreme

F

fábrica factory
fácilmente easily
fallar to miss, fail

fallecer (zc) to die
falta lack, fault
faltar to lack
fama fame
familia family
familiar *(m.)* one belonging to a family
famoso, -a famous
fango mud
fantasma *(m.)* phantom, ghost
fantástico, -a fantastic
fascinar to fascinate
favor *(m.)* favor
favorecer (zc) to favor, protect
favorito, -a favorite
fe *(f.)* faith
febril feverish
felicidad *(f.)* happiness
feliz happy
femenino, -a feminine
fenómeno phenomenon
feriado: día feriado holiday
feroz fierce
fértil fertile
fervor *(m.)* enthusiasm
fiebre *(f.)* fever
fiel faithful
fiesta holiday
figura figure
fijar (se) (en) to fix, look, notice
fijo, -a fixed, firm
fila line, row
fin *(m.)* end
  al fin, por fin finally
  al fin y al cabo at last, after all
final *(m.)* end
finalmente finally
fino, -a fine, of high quality
físico, -a physical
flamante brand new
flecha arrow
flor *(f.)* flower
florecimiento flowering, high point
flota fleet (of ships)
flotación: línea de flotación water line
fondo bottom
  a fondo completely
forastero outsider
formalizar (c) to formalize
formar to form
forzar (ue) (c) to force
fosa ditch; grave
firmeza firmness
francamente frankly

frecuentar to frequent, attend often
frente in front, opposite, *(f.)*, forehead
  enfrente de in front of, opposite
  hacer frente a to face
fresco, -a fresh
frío, -a cold
frondoso, -a leafy
fruncido: el ceño fruncido frowning
frustrar to frustrate
fruta fruit
fuego fire
fuente *(f.)* source
fuera outside
fuerte strong
fuerza force
fuga flight
fugitivo fugitive
fumar to smoke
fundar to found
furioso, -a furious
furtivo, -a secretive
fusil *(m.)* rifle

G

gallardo, -a handsome
galleta cookie
gallo rooster
gana desire
  tener ganas de to feel like, have a desire to
ganado cattle
ganador, -a winner
ganar (se) to earn, win
gancho hook
garganta throat
garita sentry box
generosidad *(f.)* generosity
generoso, -a generous
gesto gesture
ginebra gin
girar to spin
gloria glory
gobernador *(m.)* governor
gobierno government
goleta schooner
golpe *(m.)* blow
golpear to bruise, hit
goma gum, rubber
gozar (se) (c) (de) to enjoy
gracia grace
  gracias thank you

gracias a thanks to
grado grade
graduación (f.) graduation
grande big, great
grandeza greatness
grave grave, serious
gritar to shout
grito shout
   dar un grito to shout
guagua (Puerto Rican) bus
guapetón (m.) tough guy, dandy
guardar to guard, keep
guardia guard (corps)
guerra war
   hacer guerra to wage war
guerrero warrior
guía (m. & f.) guide
guiar to guide
güiro güiro (typical Puerto Rican musical instrument)
grupo group
gruta underground room
Guayames person from Guayama
gusto pleasure

H

haber IR to have, be
hábil clever, expert
habitación (f.) dwelling, room
habitante (m.) dweller
hablar to speak, talk
hacer IR to do, make
   hace (expression of time) ago
   hacer caso to pay attention
   harcerse to become
hacha ax
hacia toward
hacienda plantation
halagar (gu) to flatter
hallar to find
hamaca hammock
hambre (f.) hunger
harina flour
hasta even, until, as far as
hechicero sorcerer
hecho deed
hembra female
hender (ie) to cut through
heredar to inherit
hereditario, -a hereditary
herida wound

herido (m.) wounded
herir (ie) (i) to wound
héroe (m.) hero
heroico, -a heroic
hermana sister
hermano brother
hermoso, -a beautiful
herramienta tool
hidalgo nobleman
hija daughter
hijo son
hilo thread
himno hymn
hipnotizar (c) to hypnotize
historiador (m.) historian
historia history, story
histórico, -a historic
hogar (m.) hearth, home
hoguera bonfire
hoja leaf
hombre (m.) man
hombro shoulder
homicida (m. & f.) murderer
honor (m.) honor
hora hour
hoy today
   hoy día nowadays
hueco, -a hollow
hueso bone
huir (y) to flee
humano, -a human
humedad (f.) humidity
húmedo, -a humid
humilde humble
humo smoke
hundir to sink
huracán (m.) hurricane
hospital (m.) hospital

I

idea idea
identidad (f.) identify
identificar (qu) to identify
idioma (m.) language
ídolo idol
iglesia church
iluminar to illuminate, light up
imagen (f.) image
imaginar to imagine
imbécil (m.) imbecile, idiot
imperioso, -a dominating, absolute

ímpetu *(m.)* impetus, fury
implorar to implore
imponer IR to impose
importancia importance
importante important
impresionar to impress
improvisar to improvise, provide with the
  materials at hand
impulso impulse
incendiar to set on fire
incidente *(m.)* incident
incierto, -a uncertain
incluir (y) to include
inclusive even, besides, in addition
incógnita unknown element, mystery
incrédulo, -a incredulous, unbelieving
increíble incredible
incursión *(f.)* attack
indicar (qu) to indicate
indio, -a Indian
indio *(m.)* Indian
índole *(f.)* kind, type
industrialización *(f.)* industrialization
inesperado, -a unexpected
infinito, -a infinite
inflexible inflexible
influencia influence
informar to inform
información *(f.)* information
infortunado, -a unfortunate
ingenioso, -a clever, ingenious
iniciar to initiate, begin
inmenso, -a immense
inmortal immortal
inolvidable unforgettable
inquietar to worry
inquietud *(f.)* concern, worry
instar to urge
instalar to install
inspirar to inspire
institución *(f.)* institution
instrucción *(f.)* instruction
instrumento instrument
intentar to intend
interacción *(f.)* interaction
interesar (se) to interest, be interested in
interior interior
internar to penetrate
intervención *(f.)* intervention
intervenir IR to intervene
introducir (zc) to introduce, put into, insert
inundación *(f.)* flood
inútil useless

inútilmente uselessly
investigación *(f.)* investigation
invisible invisible
ir IR to go, to go away, to go out
  or off (electricity)
irradiación *(f.)* radiation
irritar to irritate
isla island
isleta small island
islote *(m.)* little island
izquierdo, -a left

J

jamás ever, never
jefe *(m.)* chief
jíbaro Puerto Rican rural dweller
joven young
joven *(m. & f.)* young man, young woman
joya jewel
juego game
jugador *(m.)* player
jugar (ue) to play
julio July
junto near
  junto a next to, along with
  juntos together
jurar to promise upon oath, swear
jurisdicción *(f.)* jurisdiction, territory
juventud *(f.)* youth
juzgar (gu) to judge

L

labor *(f.)* work, task, labor
labrar to work, cultivate
lacio, -a straight
lado side
ladrido bark
lamer to lick
lanzador *(m.)* pitcher
lanzamiento pitch
lanzar (se) (c) to hurl, pitch
largo, -a long
  a lo largo de along the length of
lata can
lavar to wash
lealtad *(f.)* loyalty
lectura reading
leer IR to read
legumbre *(f.)* vegetable
leguminoso, -a leguminous

lejos far, far away
levantar (se) to raise, get up
ley *(f.)* law
leyenda legend
liberación *(f.)* liberation
libertad *(f.)* liberty
libertado *(m.)* freed slave
libre free
libremente freely
libreto script
libro book
licenciado title given to lawyers
lidiar to struggle, compete
ligero, -a swift
limitar to limit
límite *(m.)* limit
limón *(m.)* lime
limpio, -a clean
lindo, -a pretty
línea line, figure
lingüístico, -a linguistic
linterna lantern
líquido liquid
lirio lily
listo, -a ready
litera bunk
literalmente literally
literato writer
literatura literature
litoral *(m.)* coast, shore
localizar (c) to locate
loco, -a crazy
lograr to accomplish, succeed
loma hill
lontananza: en lontananza far away
lucir (zc) to display, shine
lucha fight, struggle
luchar to fight
lucrativo, -a lucrative, money-making
luego then, later, in a short time
lugar *(m.)* place, sitio
lúgubre gloomy
luna moon
  luna de miel honeymoon
lustroso, -a shining, splendid
luz *(f.)* light

LL

llama flame
llamar to call
  llamarse to be named

llano, -a flat
llanura plain
llegar (gu) to arrive, reach
  llegar a ser to become
llenar to fill
llevar to take, carry, wear
  llevar muletas to use crutches
  llevar a cabo to carry out, achieve
llorar to weep, cry
lluvia rain
lluvioso, -a rainy

M

macabro, -a hideous, gruesome
macana wooden weapon used by the Taíno Indians
macanazo blow with a *macana*
machete *(m.)* machete (a type of long knife)
machetazo blow with a machete
macho male
madera wood
madre mother
madrugada dawn
maestro, -a teacher
mágico, -a magic
magnífico, -a magnificent
maíz *(m.)* corn
majestad *(f.)* majesty, (fig.) mountain
mal *(m.)* evil
maldecir IR to curse
maligno, -a bad, evil
malo, -a bad
mamá mother
mandar to send, command, order
mando command
manejar to handle
manga sleeve
mangó mango (a tropical fruit)
maní *(m.)* peanuts
manifestar to manifest
mano *(f.)* hand
mansamente mildly
manso, -a meek, tame
mantener IR to maintain
mañana tomorrow; *(f.)* morning
mar *(m. & f.)* sea
maraca maraca (typical Puerto Rican musical instrument)
marcar (qu) to mark
marido husband

marzo March
marinero sailor
mas but
más more
mata plant
matar to kill
maternal maternal
matrimonio marriage, married couple
máximo, -a maximum, greatest
mayo May
mayor larger, older; older person
mayoral *(m.)* overseer, foreman
medianoche *(f.)* midnight
medicina medicine
médico physician
medida measure
  a medida que as
medio half, middle; means, way
mejor better, best
melodía *(f.)* melody
memoria memory
menos except, less, least
  a menos que unless
  al menos at least
mentalmente mentally
mente *(f.)* mind
menudo, -a small, little
  a menudo often
mero, -a mere
mes *(m.)* month
mesa table
metal *(m.)* metal
meter (se) to put (in), place
metro meter (39.37 inches)
mezcla mixture
miedo fear
  tener miedo to be afraid
miembro member
mientras while
  mientras tanto meanwhile
mil thousand
milagro miracle
militar military
millón million
minuto minute
  a los pocos minutos in a few minutes
mirar to look at
misa mass
misión *(f.)* mission
misionero missionary
mismo, -a same, very, self
  ahora mismo right now
misterio mystery

misterioso, -a mysterious
mitad *(f.)* half, middle
moda fashion
modo manner, way
  de otro modo otherwise
mofar (se) to make fun of
mojar (se) to wet, get wet
molestia bother, annoyance
momento moment
monja nun
montaña mountain
morada dwelling place
morena dark-complexioned girl
morir (ue) (u) to die
mortal mortal
mostrar (ue) to display, show
  mostrarse to appear
mote *(m.)* motto
motivo reason, motive
mover (se) (ue) to move
movimiento movement
moza girl
muchacha girl
mucho, -a much
muchos, -as many
mudo, -a mute, silent
mueble *(m.)* a piece of furniture
muestra sign
muerte *(f.)* death
muerto, -a dead
mujer *(f.)* lady
mulata mulatto
muleta crutch
muñeco doll
música music
musical musical
muy very

N

nacer (zc) to be born
nacional national
nada nothing
naranja orange; sour orange (Puerto Rico)
narración *(f.)* narration
narrar to narrate, tell
natal pertaining to birth
nativo, -a native
natural natural
naturaleza nature
navegar (gu) to navigate, sail

neblina fog
necesario, -a necessary
necesitar (se) to need, be necessary
negar (ue) (ie) to deny
negocio business
negro, -a black, dismal, gloomy
nervio nerve
neto, -a pure, complete
ni neither, nor, not even
  ni...ni neither...nor
  ni siquiera not even
nieto *(m. & f.)* grandchild
ninguno, -a none
niña girl, child
niño boy, child
nivel *(m.)* level
noble noble, illustrious
nobleza nobility
noche *(f.)* night
nombre *(m.)* name
nombrar to appoint
normalidad *(f.)* normality
norte *(m.)* north
nosotros, -as us, we
nota note
notar to notice, note
noticia notice, information, news (item)
  las noticias news
novelista *(m.)* novelist
novena novena (religious ceremony)
novia bride, sweetheart
novio bridegroom, sweetheart
nube *(f.)* cloud
nublado, -a cloudy
nueve nine
nuevo, -a another, new
  de nuevo again
número number
nunca never
nutrir to nourish

O

o or
obedecer (zc) to obey
obediente obedient
objeto object
obligación *(f.)* obligation
obligar (gu) to oblige
obra work
ocho eight
oculto, -a concealed, hidden

ocupar (se) to occupy, occupy oneself
oeste west
oficial official
ofrecer (se) (zc) to offer, be offered
oír IR to hear
ojo eye
ola wave
olvidar to forget
  olvidarse de to forget
olla pan, pot
ombligo navel, "belly button"
once eleven
onomástico name
opaco, -a opaque, not clear
oponer IR to oppose
oportunamente at the right moment
oportunidad *(f.)* opportunity
oportuno, -a appropriate, right
oración *(f.)* sentence; prayer
orden *(m.)* order (arrangement)
orden *(f.)* order, command, military or
  religious order
ordenanza ordinance, law
organizar (c) to organize
orgullo pride
orilla shore, border
orientar to orient
origen *(m.)* origin
originalmente originally
oro gold
ortopédico, -a orthopedic, in relation to
  physical deformities
oscuro, -a obscure, dark
otoño fall, autumn
otorgar (gu) to consent, grant
otro, -a other

P

padre *(m.)* father
padres *(m.)* parents
pagar (ue) to pay
país *(m.)* country
paisajito view
pájaro bird
palabra word
palma palm tree
palo stick
paloma dove
pan *(m.)* bread
par *(m.)* pair
para for, to, in order to

paralizar (c) to paralyze
parar to stop
  pararse to stop, stand up
parcialmente partially
parecer (se) (zc) to seem, appear, resemble
pareja pair (of people), couple
pariente *(m.)* relative
parpadear to wink
parque *(m.)* park
párroco parson
parte *(f.)* part
participación , *(f.)* participation
partido party, choice
partir to leave, split, cut in half
pasado, -a past
pasaje *(m.)* passage
pasar to pass, happen, go by, suffer
pasatiempo pastime, diversion
pase *(m.)* movement with the hands
pasión *(f.)* passion
paso pace, step, pass
pata foot, leg, paw of an animal
patria native country
patrón *(m.)* patron, boss, pattern, model
patrulla patrol
paz *(f.)* peace
pecho breast, chest
pedir (i) to ask (for), request
pegar (ue) to stick
peinar to comb
pelear to fight
peligro danger
pelo hair
pelota ball
peluquero barber
pena sorrow, hardship
penetrante penetrating
penetrar to penetrate
penitencia penance
pensamiento thought
pensar (ie) to think, intend, consider
penumbra shade, shadows
peñasco cliff
peor worse, worst
pequeño, -a small
percatar (se) de to realize, perceive
perder (ie) to lose
pérdida loss
perdón *(m.)* forgiveness
perdonar to forgive
periódico newspaper
periodista *(m.)* journalist

permanecer (zc) to remain
permiso permission
permitir to permit
perplejo, -a perplexed
pero but
perro dog
perseguidor *(m.)* pursuer
perseguir (i) to pursue
pertenecer (zc) to belong
perturbar to disturb
pesadilla nightmare
pesado, -a heavy
pesar to weigh
  a pesar de in spite of
pesca fishing
pescador *(m.)* fisherman
pescar (qu) to fish
petición *(f.)* petition
pez *(m.)* fish
picar (qu) to bite, prick
picardía mischief
pie *(m.)* foot
piedra stone
piel *(f.)* skin
pieza piece
pintoresco, -a picturesque
pirata *(m.)* pirate
piso floor
pistola pistol
pizarra board
plácido, -a tranquil, quiet
plan *(m.)* plan
planear to plan
planeta *(m.)* planet
planta plant
plástico plastic
platicar (qu) to talk
platillo volador *(m.)* flying saucer
plato plate
playa beach
plaza public square
poblar to populate
pobre poor
poco, -a little, few
  a los pocos minutos a few minutes later
  poco a poco little by little
poder (ue) (u) IR to be able, can, may
poesía poem
poeta *(m.)* poet
policía *(m.)* policeman
policía police (department)
política politics

político, -a political
pon *(m.)* (Puerto Rican) ride
poner IR to put, place
  ponerse to put on
  ponerse a to begin
  ponerse en camino to start out
por by, for, through, during
  por eso therefore, for that reason, because of
porque because
porta gun port
portarse to behave, act
posar to perch
poseer to possess
posible possible
poste *(m.)* post
postizo, -a artificial, false
pozo well
prácticamente practically
practicar (qu) to practice
precaución *(f.)* precaution
precipicio precipice
precisamente precisely
predecir IR to predict
preferir (ie) (i) to prefer
pregunta question
prender to turn on, to light
preocupación *(f.)* worry
preocupar to be concerned, worry
preparar to prepare
preparativo preparation
presa prey
presenciar to witness, be present
presentar to present
presente present
preso prisoner
presunto, -a presumed, would-be
pretendiente *(m.)* suitor
prevalecer (zc) to prevail
prevenir (ie) (i) IR to prepare, advise, caution, prevent
primero, -a first
principal main, principal
principio beginning
prisionero prisoner
problema *(m.)* problem
procesión *(f.)* procession
proclamar to proclaim
procurar to get, obtain
producto product
productor *(m.)* producer
profecía prophecy
profesional professional

profeta *(m.)* prophet
profundo, -a deep, profound
prohibir to prohibit
prometer to promise
pronto quick, soon
  de pronto suddenly
pronunciar to pronounce
propiedad *(f.)* property
propio, -a own, self, suitable
propósito purpose
a propósito by the way
proseguir (i) to continue, pursue
protección *(f.)* protection
protectora protector
provisión *(f.)* provision
provocar (qu) to cause
próximo, -a next
proyectar to project, scheme, throw
proyecto plan, project
prueba test, proof
pueblo town, people, nation
puente *(m.)* bridge, deck of a ship
puerto port, door
pues since, then, well
puesta del sol *(f.)* sunset
puesto place, position
punto point
  a punto de on the point of
puñal *(m.)* dagger

Q

que that
  lo que what
  en lo que while
qué what
quedar (se) to be, be left, remain, stay
quemar to burn
querer (ie) IR to want, love
querido, -a beloved, dear
quien who
quinto, -a fifth
quitar (se) to take off, move away

R

radiación *(f.)* radiation
radical radical
radio *(f.)* radio
raíz *(f.)* root
  a raíz de immediately after

ramo bouquet, branch
rápidamente quickly
raro, -a rare, strange
rato short time, while
rayo beam, ray of light, thunderbolt
razón *(f.)* reason
  tener razón to be right
real real, royal
realizar (c) to carry out, fulfill, realize
realmente really
reanudar to renew
rebelde *(m.)* rebel
rebelión *(f.)* rebellion
recibir to receive
recobrar to recover
recoger (j) to gather, pick up
reconocer (zc) to recognize
recordar (ue) to remember
  recordarse to recall
rectitud *(f.)* rectitude, honesty
recuperar to recover
recurso resource
red *(f.)* net
rechazar (c) to reject
recipiente *(m.)* container
recreo recreation
redondo, -a round
referir (ie) (i) to refer
reflejo reflex
reflexión *(f.)* reflection, meditation
reflexionar to reflect
refrescar (qu) to refresh
refesco refreshment
refugiarse to take refuge
regañar to scold
regresar to return
rehén *(m.)* hostage
relato account, report
relevo replacement
remendar (ie) to mend
remojar to soak
remontar (se) to date from
rendir (se) to give up, surrender
reparación *(f.)* reparation
repartir to divide
repente:
  de repente suddenly
repetir (i) to repeat
reponerse to collect oneself
reportero reporter
repugnar to disgust
resbalar to slip
resbaladizo, -a slippery

rescatar to rescue
residente *(m.)* resident
resignación *(f.)* resignation
resistencia resistance
resistir to resist
respetar to respect
respirar to breathe
restablecer (zc) to re-establish
resuelto, -a resolved, determined
resultado result
resultar to result, to turn out to be
retener IR to hold, retain
retroceder to retreat, withdraw
reunir to gather, join
  reunirse (con) to meet with
reunión *(f.)* meeting
revelar to reveal
revista magazine
rey *(m.)* king
rezar (c) to pray
ribera shore
rico, -a rich
rigurosamente strictly
rincón *(m.)* corner
río river
rival *(m.)* rival
robar to rob
rodear (de) to encircle, surround
rodilla knee
  ponerse de rodillas to kneel down
rogar (ue) (gu) to beg, implore, request
rojo, -a red
románticamente romantically
romántico, -a romantic
romper to break
rondar to pester, flirt with
ropa clothes
rosario rosary
rótulo sign
rugido roar
rumbo direction
  rumbo a on the way to
rural rural
rústico, -a rustic, unpolished
ruta route

S

saber IR to know
sabroso, -a delicious
sacerdote *(m.)* priest
sacrificar (qu) to sacrifice

sagrado, -a sacred
sala living room
salir to leave
salvaje *(m.)* savage
salvar to save
sangre *(f.)* blood
sano, -a safe, healthy
santo, -a holy, saint
santuario sanctuary
sardina sardine
satisfacción *(f.)* satisfaction
satisfacer IR to satisfy
secretaria secretary
secreto secret
sector *(m.)* sector
sedante *(m.)* sedative
sedoso, -a silky
seguida succession
   en seguida immediately, at once
seguir (i) to continue, follow
según according to, as
segundo second
seguramente surely
seguridad *(f.)* security, safety
seguro, -a safe, sure
seis six
semana week
sencillo, -a simple
seno breast, heart
sentar (se) (ie) to sit down
sentimiento feeling
sentir (se) (ie) (i) to be sorry, regret,
   to feel (good, bad, etc.)
seña sign, gesture
señor *(m.)* mister, sir, gentleman
señora lady, Mrs.
separar to separate
septiembre *(m.)* September
ser IR to be
ser *(m.)* being
serenata serenade
servicial obliging
serveramente severely
servir (i) to serve
sí yes
siempre always
   siempre que whenever
sien *(f.)* temple (side of the head)
siglo century
significar (qu) to mean, signify
siguiente following
   al día siguiente on the following day
silencioso, -a silent

silvestre wild
símbolo symbol
simétrico, -a symmetrical
simplemente simply
sin without
   sin embargo nevertheless
sino but, if not
sinuoso, -a winding
sitio place
situación *(f.)* situation
situar to situate, locate
sobre over, about
sobrenatural supernatural
sobrepasar to surpass
sobreviviente *(m.)* survivor
sobrevivir to survive
sobrino nephew
sociedad *(f.)* society
sol *(m.)* sun
soldado soldier
soledad *(f.)* solitude
solemne solemn
soler (ue) to be in the habit of
solitario, -a solitary
solo, -a alone, single
sólo (solamente) only
sollozar (c) to sob
solución *(f.)* solution
sonar to sound
sonido sound
sonreír (se) (i) to smile
sonrisa smile
soñar (ue) to dream
   soñar con to dream of
soplar to blow
soportar to endure, suffer
sorprender to surprise
sorpresa surprise
sospechar to suspect
sostener (ie) IR to support
subida ascent
subir to go up, climb
súbitamente suddenly
sublevar to revolt
subterráneo, -a underground
suceder to happen
suceso event
sucumbir to succumb, die
suelo floor, ground
suelto, -a loose
sueño sleep, dream
suerte *(f.)* luck, fate
suficiente sufficient

sufrir to suffer
sugerencia suggestion
sujetar to fasten
sumamente very, greatly
superior superior
supersticioso, -a superstitious
suplir to supply, take the place of
sur *(m.)* south
sureste *(m.)* southeast
surgir (j) to appear, rise
suroeste *(m.)* southwest
suspirar to sigh

T

tabaco tobacco
tabla board
táctica tactic
tal such
  tal vez perhaps
tallar to carve
tamaño size
también also
tambor *(m.)* drum
tan so, as
  tan...como as...as
tanto so (as) much
  mientras tanto meanwhile
  tantos so (as) many
tapar to cover
taparrabo loin cloth
tardar to delay; be late
teatro theater
tedio boredom
tejer to knit, weave
tema *(m.)* theme
temblar (ie) to tremble
temblor *(m.)* tremor
tembloroso, -a trembling
temer to fear
tempestad *(f.)* storm
temporada season
temporal *(m.)* tropical storm
temprano early
tener IR to have
tentación *(f.)* temptation
tentar (ie) to tempt
tercero, -a third
terminar to end
término term, end
termo thermos
ternura tenderness

terraza terrace
terreno land, ground
terror *(m.)* terror
tertulia informal conversation group
testigo witness
testimonio testimony
texto text
tez *(f.)* complexion
tiempo time
tienda store
tiendita small store
tienta: a tientas feeling one's way
tierra earth, ground, land
tildar to label
tirar to throw, fire, shoot
titulares *(m.)* headlines
tocar (qu) to ring, sound, touch, play
todavía still, yet
todo, -a all, every
tomar to take
tono tone
tormenta storm, tempest
torno: en torno about
toro bull
trabajador *(m.)* worker
trabajar to work
tradición *(f.)* tradition
traer (j) to bring, carry
traje *(m.)* clothes, dress, suit
trampa trap
tranquilamente calmly
tranquilo, -a tranquil
trapo rag
tras (de) behind, after
trasladar to transfer, move
trata trade
tratar to treat, deal with
  tratar de to try to
trato treatment
tremendo tremendous
trepar to climb
treinta thirty
tres three
tribu *(f.)* tribe
tribunita small tribune
tripulación *(f.)* crew
tripulante *(m.)* crewman
tristeza sadness
tronco trunk
tropas troops
tropel *(m.)* crowd, throng
trueno thunder
tumba tomb

turno turn

U

u or
ubicar (qu) to locate
último last
único, -a only
unirse to join
universo universe
uno, -a one, a(n)
últimamente lately
usar to use, wear
utilizar (c) to utilize

V

vacaciones *(f.)* vacation
vacilar to hesitate
valer IR to be worth
  valerse de to use
valiente brave
valor *(m.)* value, courage
valle *(m.)* valley
vano, -a vain
variante *(f.)* variant form
variar to vary
varios, -as various, several
vaso glass, cup
vecino, -a neighboring
vecino neighbor
veinte twenty
vela candle, sail (of a ship)
velar to look after
velocidad *(f.)* velocity, speed
veloz fast
vena vein
vencer (z) to conquer
venerar to honor, venerate
vengar (gu) to revenge
venir IR to come
ventanillo small window
ver IR to see
verano summer
verdad *(f.)* truth
  de verdad really
  ¿verdad? right?
verde green
versión *(f.)* version
vestir (se) (i) to dress (oneself), to wear
vez *(f.)* time

  de vez en cuando from time to time
  otra vez again
viajar to travel
viaje *(m.)* trip, journey, voyage
  viaje de ida y vuelta round-trip journey
viajero traveler
víctima victim
vida life
viejito old man
viejo, -a old
viento wind
viernes *(m.)* Friday
vigilar to watch
villa settlement
violento, -a violent
Virgen *(f.)* Virgin (Mary)
virtuoso, -a virtuous
víspera eve, night before
vista sight, view
visto seen
  por lo visto apparently
vivir to live
vocabulario vocabulary
volar (ue) to fly
volcar (ue) (qu) to turn over
volibol *(m.)* volleyball
voluntarioso, -a headstrong, stubborn
voluptuoso, -a voluptuous
volver (ue) to return, turn
  volver a to . . .again
voz *(f.)* voice
vuelta turn, return
vulgo common people

Y

y and
ya already, now, yet
yesquero tinder box
yuca yucca (plant with edible, flour producing root)

NTC SPANISH TEXTS AND MATERIALS

Computer Software
Basic Vocabulary Builder on Computer
Amigo: Vocabulary Software
Videocassette, Activity Book, and Instructor's
  Manual
VideoPasaporte Español

Graded Readers
Diálogos simpáticos
Cuentitos simpáticos
Cuentos simpáticos
Beginner's Spanish Reader
Easy Spanish Reader

Workbooks
Así escribimos
Ya escribimos
¡A escribir!
Composiciones ilustradas
Nueva gramática comunicativa
Spanish Verb Drills
Spanish Grammar in Review

Exploratory Language Books
Spanish for Beginners
Let's Learn Spanish Picture Dictionary
Spanish Picture Dictionary
Getting Started in Spanish
Just Enough Spanish

Conversation Books
¡Empecemos a charlar!
Basic Spanish Conversation
Conversando
Diálogos contemporáneos
Everyday Conversations in Spanish
Al corriente
Manual and Audiocassette
How to Pronounce Spanish Correctly

Text and Audiocassette Learning Packages
Just Listen 'n Learn Spanish
Just Listen 'n Learn Spanish Plus
Just Listen 'n Learn Business Spanish
Practice and Improve Your Spanish
Practice and Improve Your Spanish Plus
Destination Spanish

High-Interest Readers
Sr. Pepino Series
  La momia desaparece
  La casa embrujada
  El secuestro

Journeys to Adventure Series
  Un verano misterioso
  La herencia
  El ojo de agua
  El enredo
  El jaguar curioso

Humor in Spanish and English
Spanish a la Cartoon

Puzzle and Word Game Books
Easy Spanish Crossword Puzzles
Easy Spanish Word Games & Puzzles
Easy Spanish Vocabulary Puzzles
Easy Spanish Word Power Games

Transparencies
Everyday Situations in Spanish

Black-line Masters
Spanish Verbs and Vocabulary Bingo Games
Spanish Crossword Puzzles
Spanish Word Games for Beginners
Spanish Culture Puzzles
Spanish Word Games
Spanish Vocabulary Puzzles
Creative Communicative Activities for the
  Spanish Class

Handbooks and Reference Books
Complete Handbook of Spanish Verbs
Spanish Verbs and Essentials of Grammar
Nice 'n Easy Spanish Grammar
Tratado de ortografía razonada
Redacte mejor comercialmente
Guide to Correspondence in Spanish
Guide to Spanish Idioms
Side by Side Spanish & English Grammar
Guide to Spanish Suffixes
Spanish Grammar in Review
¡Escriba con estilo!
BBC Phrase Book

Dictionaries
Vox Modern Spanish and English Dictionary
Vox New College Spanish and English
  Dictionary
Vox Compact Spanish and English Dictionary
Vox Everyday Spanish and English Dictionary
Vox Traveler's Spanish and English Dictionary
Vox Super-Mini Spanish and English Dictionary
Cervantes-Walls Spanish and English Dictionary

For further information or a current catalog, write:
National Textbook Company
a division of *NTC Publishing Group*
4255 West Touhy Avenue
Lincolnwood, Illinois 60646–1975 U.S.A.